ICH TRAINIERE HANDBALL

Katrin Barth & Maik Nowak

Sportwissenschaftliche Beratung:
Prof. Dr. paed. habil. Berndt Barth

Meyer & Meyer Verlag

Papier aus nachweislich umweltverträglicher Forstwirtschaft.
Garantiert nicht aus abgeholzten Urwäldern!

Ich trainiere Handball
(Ich lerne, ich trainiere)

Bibliografische Information der Deutschen Nationalbibliothek
Die Deutsche Nationalbibliothek verzeichnet diese Publikation in
der Deutschen Nationalbibliografie; detaillierte bibliografische Details sind im Internet
über <http://dnb.d-nb.de> abrufbar.

Alle Rechte, insbesondere das Recht der Vervielfältigung und Verbreitung sowie das
Recht der Übersetzung, vorbehalten. Kein Teil des Werkes darf in irgendeiner Form –
durch Fotokopie, Mikrofilm oder ein anderes Verfahren – ohne schriftliche
Genehmigung des Verlages reproduziert oder unter Verwendung elektronischer Systeme
verarbeitet, gespeichert, vervielfältigt oder verbreitet werden.

© 2008 by Meyer & Meyer Verlag, Aachen
Adelaide, Auckland, Budapest, Cape Town, Graz, Indianapolis, Maidenhead,
New York, Olten (CH), Singapore, Toronto
Member of the World
Sport Publishers' Association (WSPA)
Druck: B.O.S.S Druck und Medien GmbH
ISBN 978-3-89899-308-1
E-Mail: verlag@m-m-sports.com
www.dersportverlag.de

INHALT

1. **Liebe Handballerin, lieber Handballer** 9
   Hinweise von den Autoren, Sport und Kunst

2. **Interessantes rund um den Handballsport** 13
   Aus der Geschichte des deutschen und internationalen Handballsports, Wettbewerbe, der Weltverband, Beachhandball

3. **Hallo, Lars!** 23
   Ein Gespräch mit Lars Kaufmann, dem erfolgreichen Spieler der deutschen Handballnationalmannschaft, Fanseiten

4. **Training – der Weg zum Erfolg** 27
   Training, richtiges Trainieren, Ziele, Motivation, Belastung, was einen erfolgreichen Handballspieler ausmacht

5. **Psychische Fähigkeiten** 43
   Gehirn – unser Computer, Wahrnehmen, Reflexe, psychische Stärke, Umgang mit Nervosität, Angst und Wut, Überwindungsfähigkeit, Aufmerksamkeit, Konzentration, Selbstbewusstsein, Wettkampfstärke, Leistungsdruck, Entspannung

6. **Kondition** 59
   Kondition allgemein, Kondition im Handball, Ausdauer, Kraft, Schnelligkeit, Beweglichkeit, Konditionstraining, Erwärmung, Dehnungsübungen, Punktetabelle, Darstellung der eigenen Leistung

7. **Koordination und Technik** 75
   Technik allgemein, Technik im Handball, Techniktraining, Leistungssteigerung, Trainingstipps, Kontrolle, Bewertung, Muskelsinn, koordinative Fähigkeiten, Übungen

8. **Taktik** 87
   Taktik allgemein, Taktik im Handballspiel, der Plan der Spieler und einer Mannschaft, taktischer Einsatz der Techniken, Kenntnisse und Fähigkeiten

9   Angriffstraining 93
Vier Phasen des Angriffsspiels, individuelle Technik und Taktik, Schlagwürfe, Fallwürfe, Sprungwürfe, Prellen, Täuschungen, Gruppentaktik, Freilaufen, Positionswechsel, Sperren, Kreuzen, Mannschaftstaktik im Angriff

10   Abwehrtraining 121
Vier Phasen des Abwehrverhaltens, individuelle Abwehr, gruppentaktisches Zusammenspiel, Mannschaftstaktik, Torhüterabwehr

11   Symbolik und Abkürzungen 135
Zeichen, Zonen des Spielfelds, Positionen

12   Rundherum gesund 139
Leistungsfähigkeit, richtiges Essen und Trinken, Energiequellen, Unfallverhütung und Erste Hilfe, Schutzausrüstung

13   Auflösungen 145
Lösungen und Antworten der Rätsel und Fehlerbilder

14   Auf ein Wort 147
Liebe Eltern, liebe Handballtrainer, einige Hinweise von den Autoren, über den Umgang mit dem Buch

Literaturnachweis 151
Bildnachweis 151

Anmerkung:

Die Übungen und praktischen Hinweise in diesem Buch sind von den Autoren sorgfältig ausgesucht und überprüft worden. Für Unfälle oder Schäden jeglicher Art, die im Zusammenhang mit dem Inhalt des Werks stehen, können die Autoren und der Verlag jedoch keinerlei Haftung übernehmen.

Aus Gründen der besseren Lesbarkeit haben wir uns entschlossen, durchgängig die männliche (neutrale) Anredeform zu nutzen, die selbstverständlich die weibliche mit einschließt.

MANCHE SYMBOLE WIRST DU HÄUFIG IM BUCH SEHEN.

Beim Daumen haben wir einen guten Tipp für dich. Du erhältst Ratschläge oder wirst auf Fehler aufmerksam gemacht.

An dieser Stelle stehen Rätsel, Problemstellungen oder Fragen. Die Antworten und Lösungen findest du am Ende des Buches.

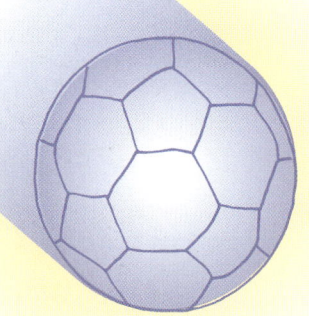

Wer ein erfolgreicher Handballspieler werden will, sollte bei Bedarf auch außerhalb der regulären Trainingszeiten Übungen einplanen. Hier im Buch findest du Anregungen dazu.

Hier gibt es etwas zum Eintragen, Ausfüllen oder Ankreuzen.

1 LIEBE HANDBALLERIN, LIEBER HANDBALLER

Gib mir einen Ball in die Hand und ich lass ihn nicht mehr los! Viele Mädchen und Jungen sind schon als kleine Kinder ballverrückt. Kaum sehen sie einen Ball, wird er geworfen, geprellt oder mit dem Fuß gekickt. So hast du bestimmt auch angefangen, dich für Ballsportarten und vor allem für Handball zu interessieren. Vielleicht hast du auch schon mit unserem Anfängerbuch „Ich lerne Handball" geübt.

Inzwischen spielst du bestimmt in der Schulmannschaft oder im Verein, hast eine Menge gelernt sowie Punktspiele und Turniere bestritten. Wenn du dich jetzt für dieses Trainingsbuch interessierst und darin liest, können wir wohl davon ausgehen, dass du noch immer von dieser tollen Sportart begeistert bist. Du möchtest weitermachen und ernsthaft trainieren.

Du willst schneller, ausdauernder, geschickter und immer torgefährlicher werden. Auf bekannten Techniken wird aufgebaut und neue kommen hinzu. Immer besser lernt eine Mannschaft das erfolgreiche Zusammenspiel in Angriff und Abwehr.

Nach dem vielen Training wollt ihr endlich mit einer gut vorbereiteten Mannschaft im Turnier antreten. Ihr seid ein tolles Team und jeder gibt sein Bestes.

Vorab eine kleine Geschichte:

Ein kräftiger Junge machte eine Tour in den Bergen und wollte einen hohen Gipfel erklimmen. Frohgemut packte er sich Essen und Trinken ein und marschierte voll Elan los.

Da er den Weg nicht kannte, kam er nur mühsam voran. Er stapfte nach oben und wenn er merkte, dass er nicht weiterkam, musste er umkehren und von Neuem beginnen. Diese Extrawege kosteten viel Kraft. Wenn er Glück hatte, fand er einen Pfad, der ihn ein Stück weiter nach oben brachte. Nach vielen solchen Versuchen kam er endlich am Gipfel an und musste feststellen, dass andere schon oben waren. Sie erzählten ihm, dass es einen guten Wanderweg gibt. Den hätte er benutzen können, ohne erst Umwege gehen zu müssen.

Warum hat er nur keine Wanderkarte benutzt und auch niemanden gefragt, der den Weg schon einmal gegangen war?

So ähnlich, wie in unserer Geschichte vom „Gipfelstürmer", verhält es sich auch mit dem Handballtraining. Viele Handballspieler vor dir haben trainiert und sind oft auch sehr erfolgreich geworden. Du musst also das Handballspiel und das Handballtraining nicht neu erfinden, sondern kannst aus den Erfahrungen der Spieler vor dir lernen. Du hast es somit sogar viel einfacher.

Mit dem Trainingsbuch „Ich trainiere Handball" besitzt du sozusagen eine „Wanderkarte" und eine kleine Anleitung, wie du den „Handballgipfel" erklimmen kannst, ohne viele Umwege zu gehen. Und du hast natürlich auch deinen Trainer, der dir den richtigen Weg zeigen kann.

Es kommt auch vor, dass die Auffassungen und Bezeichnungen bei erfahrenen Handballspielern, Trainern und Bücherschreibern etwas unterschiedlich sind. Das ist normal. Frage nach, wenn dir etwas unklar ist und lass dir unterschiedliche Meinungen begründen. Sollten wir uns doch mal geirrt haben oder ist die Entwicklung einfach weitergegangen, dann schreibe deine Anmerkungen direkt in dein Buch.

LIEBE HANDBALLERINNEN, LIEBE HANDBALLER

Doch bevor du dich jetzt mit dem Buch unterm Kopfkissen ins Bett legst und denkst, so kannst du morgen gewinnen, möchten wir dir auf dem Weg zum „Gipfel" noch sagen:

Wir wollen dich beraten und dir erklären, wie du richtig trainieren kannst. Trainieren aber musst du allein. Ob du dein Ziel erreichst und auf dem Gipfel ankommst oder nicht, liegt hauptsächlich an dir selbst.

Was im Buch zum Training erklärt wird, gilt für Mädchen genauso wie für Jungen. Um es aber zu vereinfachen, sprechen wir hier allgemein von Handballern oder Sportlern. So ist mit Trainer natürlich auch immer die Trainerin gemeint.

Wir wünschen dir eine Menge Spaß mit diesem Buch. Hier wirst du bestimmt viel Interessantes finden, das dich hoffentlich recht schnell und sicher auf dem Weg zum „Gipfel" begleitet. Dafür viel Erfolg.

Foxi und die Autoren

SPORT UND KUNST

Für viele Künstler sind der Sport und die Sportler beliebte Themen. Angeregt von der Eleganz der Bewegung, der Schönheit der Körper, der Schnelligkeit, der Kraft und dem Spaß entstanden und entstehen zahlreiche Gemälde, Zeichnungen, Karikaturen, Skulpturen und Fotografien. Hast du solch ein Sportkunstwerk schon gesehen? Achte einmal darauf, wenn du in einer Zeitschrift blätterst, in einem öffentlichen Gebäude oder in einem Museum bist.

Logos und Maskottchen

Wenn sportliche Großereignisse stattfinden, gestalten Grafiker dafür Logos und ein kleines Maskottchen. Diese Bilder findet man dann auf Fahnen, Plakaten, Eintrittskarten, T-Shirts usw. – und natürlich auch als Plüschfiguren!

Im Jahr 2007 fand die Handballweltmeisterschaft der Männer in Deutschland statt. Da gab es das *Hörnchen Hanniball,* welches das Logo der WM auf dem Trikot hat.

Versuche dich als Grafiker

Stell dir vor, die nächste Handball-WM steht bevor und du darfst dafür deine Vorschläge machen. Wie sieht dein Maskottchen aus, wie heißt es und welches Logo wäre passend?

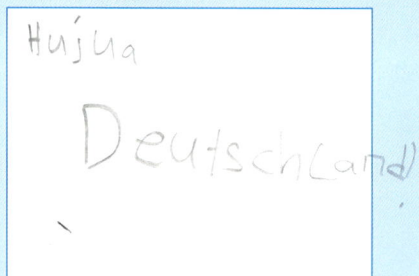

.... 2 INTERESSANTES RUND UM DEN HANDBALLSPORT

Zwei Mannschaften, ein Ball, zwei Tore und dazu viel Tempo, Köpfchen, Spaß – das ist Handball! Darstellungen dieses Sports findet man auf Höhlenzeichnungen, Grabmalereien oder Reliefen an Palästen.

Die Spielidee ist recht einfach: Zwei Mannschaften mit gleicher Anzahl von Mitspielern spielen auf einem Feld und versuchen, den Ball ins gegnerische Tor zu werfen. Der Ball wird geprellt und zugeworfen, bis er durch geschicktes Spiel, gutes Zusammenspiel der Mannschaftskollegen, Austricksen der Gegenspieler, und eine klasse Wurftechnik im Gegentor landet. Wem das am besten gelingt, ist Sieger des Spiels.

Jeder kann natürlich spielen, wie er mag und wie es ihm Spaß macht – es müssen sich nur alle Mitspieler einig sein! Wenn jedoch offizielle und internationale Turniere gespielt werden, reichen die privaten Absprachen nicht aus. Es werden einheitliche Regeln benötigt. Dabei geht es um Spielfeldgröße, Tore, Zeiten, Spieleranzahl, Auswechslungen, Spielregeln usw.

Zahlreiche Varianten haben sich bewährt, wie z. B. *Minihandball oder Beachhandball*. Beim *Rolli-Handball* können Rollstuhlfahrer gemeinsam mit nichtbehinderten Sportlern spielen. Das macht allen Spaß und fördert die Integration von Behinderten.

Alle Varianten und Regeln kannst du im Regelwerk des DHB und des internationalen Verbands IHF nachlesen. Natürlich müssen diese Regeln auch immer wieder modernisiert und angepasst werden.

DIE AKTUELLE WELTBESTENLISTE

Es ist interessant zu verfolgen, welche Mannschaften die Besten sind. Hier stehen wichtige internationale und nationale Turniere und du kannst in die freien Felder die aktuellen Besten schreiben.

Trage die Namen und das Datum mit Bleistift ein, um deine Liste immer auf dem neuesten Stand zu halten.

Wettbewerb	Jahr	Damen	Herren
Olympiasieger	2008		Frankreich
Weltmeister	2009		Frankreich
Europameister	2010		Frankreich
EHF-Champions League			
EHF-Cup			
EHF-Cup der Pokalsieger			
EHF-Champions-Cup			
Deutscher Meister	2009		THW Kiel
Deutscher Pokalsieger			

SO IST DER HANDBALLSPORT ORGANISIERT

Handballsport in Deutschland

Der Verband aller Handballspieler in Deutschland heißt:

Deutscher Handballbund (DHB)

Die Gründung fand am 1. Oktober 1949 statt. Der Sitz des DHB ist in Dortmund.

Die internationalen Organisationen

Der Weltverband aller Handballspieler heißt

International Handball Federation (in Kurzform **IHF**).

Der Hauptsitz der IHF ist in Basel (Schweiz). Die Gründung fand am 11. Juli 1946 statt.

Weltweite Unterorganisationen der IHF sind:

AHF – Asian Handball Federation
CAHB – Confédération Africaine de Handball
EHF – European Handball Federation
OHF – Oceania Handball Federation
PATHF – Pan-American Handball Federation

Zur Zeit gehören der IHF nationale Handballverbände aus 159 Ländern der Welt an.

Willst du noch mehr wissen, dann schau doch mal ins Internet!

www.ihf.info

BEACHHANDBALL – DER NEUE SOMMERSPORT

Sommer, Sonne, Fun und einfache Regeln! So ist eine tolle Sommersportart für den Strand entstanden. Aber nur ein lustiger Sommerableger vom Hallenhandball ist Beachhandball schon lange nicht mehr! Inzwischen hat sich daraus ein Leistungssport mit nationalen Meisterschaften sowie Europa- und Weltmeisterschaften entwickelt.

So ging es los

Was machen Handballspieler auf einer kleinen italienischen Insel, die keine geeigneten Sportanlagen vorfinden? – Sie spielen am Strand! So oder ähnlich hat es wohl begonnen. Auf jeden Fall fand im Juni 1992 das erste Beach-Handball-Turnier am Strand von San Antonio im italienischen Ponza statt. 1993 gab es dann in Rom das erste offizielle Beachhandball-Turnier. Es war ein Demonstrationsturnier, an dem Mannschaften aus verschiedenen Ländern teilnahmen. Alle waren begeistert!

Beachhandball international

Seit Mitte der 90er Jahre hat sich in vielen Ländern der Welt Beachhandball entwickelt. Es wurden regionale Teams und nationale Auswahlmannschaf-

ten formiert. Besonders große Beliebtheit findet dieser neue Sport in Ländern, in denen es weniger Hallen, dafür aber mehr Strände gibt.

Die IHF hat diese Sportart anerkannt und ein Regelwerk herausgegeben. 2001 fanden die ersten World Games in Akita/Japan und 2002 die ersten Europameisterschaften in Cadiz/Spanien statt.

Beachhandball für die Jugend

Strandfeeling, angesagte Musik und coole Klamotten – was passt besser zur Jugend?! Bewegt euch und habt Spaß am gemeinsamen Spiel! Nicht immer muss nach internationalen Regeln gespielt werden – die Hauptsache ist, die Mannschaften sind sich einig! Sucht euch ein geeignetes Spielfeld, legt gemeinsam die Regeln fest und bildet Mixed-Mannschaften.

Nicht immer findet ihr ein Sandspielfeld vor, deshalb solltet ihr improvisieren. Auch auf der Wiese oder auf Matten in der Halle kann man super spielen. Übernehmt die Regeln vom Beachhandball.

Ein Spiel mit Tempo

Was macht dieses Beachhandball-Spiel und die besonderen Regeln eigentlich so attraktiv?

- Spektakuläre Sprünge und Hechtsprünge, die nur auf Sand möglich sind.
- Immer wieder Wechsel von Angriff und Abwehr.
- Fast körperloses Spiel mit hohem Tempo.
- Ständig gibt es die Chance zum Überzahlspiel und damit zum Torerfolg.
- Nach dem Torerfolg wird das Spiel direkt ohne Anspiel durch Abwurf aus dem Torraum wieder aufgenommen.
- Freiwürfe werden an Ort und Stelle ausgeführt.

So ist alles geregelt

Um den Unterschied zum Hallenhandball und das Besondere am Beachhandball zu erklären, müssen wir vor allem auf die Regeln eingehen. Auf den nächsten Seiten kannst du die wichtigsten Regeln nachlesen.

Wie aber bei jeder jungen Sportart, gibt es auch hier immer wieder Änderungen und Korrekturen. Sollte also etwas nicht mehr stimmen – dann korrigiere es in deinem Buch!

Willst du noch mehr über Beachhandball und die Regeln wissen, dann schau doch mal bei Alex Gehrer (auf dem Foto beim Sprungwurf) im Internet nach!

Das Spielfeld

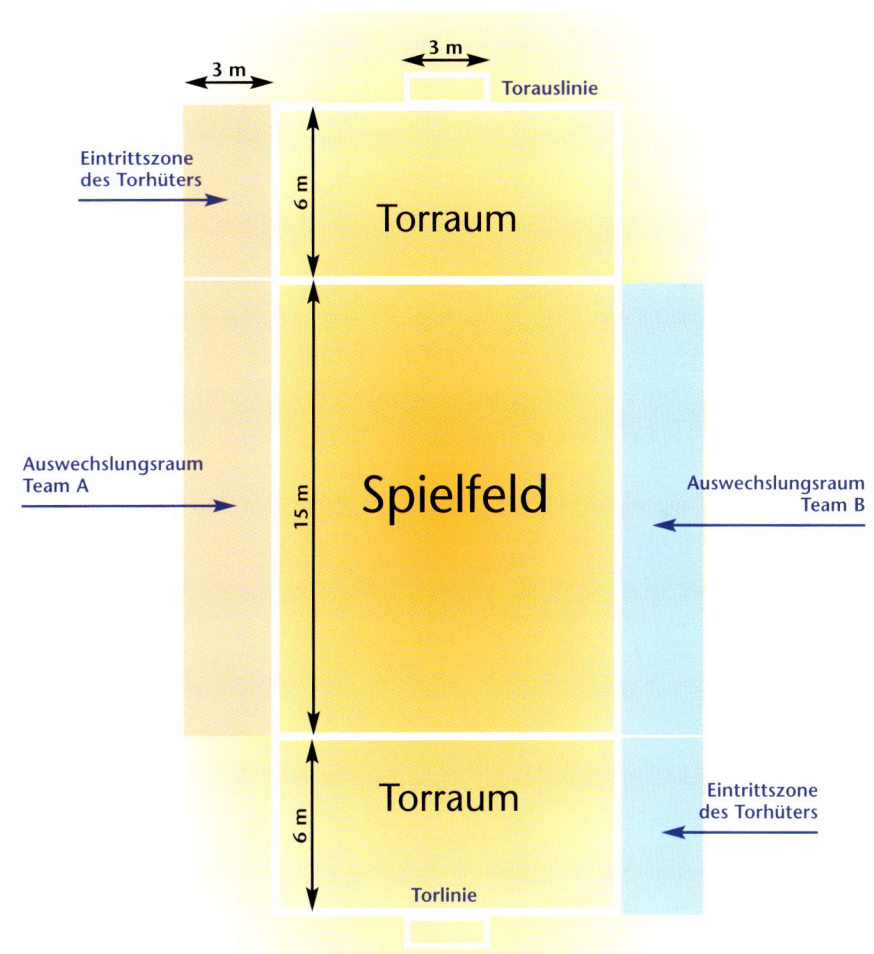

Die Kleidung
Die Spieler tragen Hose und Trikot – wie im Hallenhandball. Passend zu Strand und Sonne haben die Damen auch oft kurze Oberteile. Auf jeden Fall sind aber alle Spieler barfuß.

Der Ball
Es wird mit luftgefüllten PVC-Bällen gespielt. Der Männerball hat einen Umfang von 54-56 cm und ein Gewicht von 350-370 g. Der Ball der Damen hat einen Umfang von 50-52 cm und ein Gewicht von 280-300 g. Natürlich darf auch geprellt werden – wird nur etwas schwierig im Sand!

So wird der Ball gespielt
Die Spieler dürfen nach einem liegenden oder rollenden Ball hechten. Lag der Ball länger als 3 s am Boden, darf er aber nicht vom gleichen Spieler wieder aufgenommen werden. Jeder Ball, der die Torlinie überquert (außer Schiedsrichterball), gilt als Tor.

Die Mannschaften
Eine Mannschaft tritt zum Spiel mit 6-8 Spielern an. Vier Spieler sind immer auf dem Spielfeld, die Ersatzfeldspieler befinden sich im Auswechselraum ihres Teams und der Ersatztorhüter hält sich in der Eintrittszone neben dem Torraum auf.

Der Torraum
Mit dem Ball darf sich nur der Torhüter im Torraum aufhalten. Ohne Ball darf er aber den Torraum über die Seitenlinien verlassen. Erzielt er so ein Tor, wird dies sogar mit einem zusätzlichen Punkt gewertet. Feldspieler dürfen den Torraum nicht betreten.

Spielzeit
Ein Spiel dauert 2 x 10 min. Die Halbzeitpause beträgt 5 min. In der Halbzeit werden die Seiten gewechselt.

Tore
Ein Tor ist gültig, wenn der Ball die Torlinie überquert. Der Torwurf des Torhüters und der Torerfolg beim Sechs-Meter-Wurf werden mit zwei Punkten bewertet.

Die Wertung
Nach jeder Halbzeit wird der Gewinner ermittelt. Steht es bei Halbzeitende unentschieden, dann wird bis zum nächsten Treffer (Golden Goal!) weitergespielt. Hat jede Mannschaft eine Halbzeit gewonnen (1:1), wird der Sieger durch Penalty-Werfen ermittelt.

Das Penalty-Werfen
Fünf Spieler jeder Mannschaft werfen abwechselnd aufs gegnerische Tor. Dabei spielt der Werfer den Ball zurück zum eigenen Torwart, dieser passt aus dem Torraum heraus zum nach vorn laufenden Spieler. Unter Beachtung der Drei-Schritt-Regel wirft er aufs Tor.

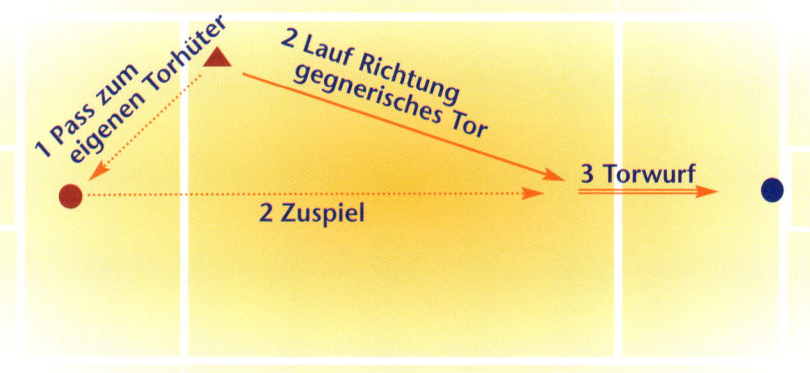

Strafen
Bei Regelverstößen und Unsportlichkeit gelten die IHF-Regeln. Spieler können hinausgestellt werden.

ICH TRAINIERE HANDBALL

FANSEITE

Mit welchem erfolgreichen Spieler würdest du gern ein Interview führen?

Hens, Bauer, kaufmann, Silvia Schm

Was würdest du ihn (oder sie) fragen?

warum ist Handball so toll?
mit wie viel Jahren haben si
Handball gespielt?

Hier kannst du Fotos deiner Idole einkleben oder Autogramme sammeln.

. . . . 3 HALLO, LARS!

Lars Kaufmann
Geboren am 25. Februar 1982 in Görlitz
1,99 m/100 kg/Student der Betriebswirtschaft
Nationalspieler, Weltmeister 2007

Hallo, Lars! Was findest du so toll am Handballspielen?

Handball ist ein sehr schneller Sport, bei dem viele Tore fallen. Da ist man als Spieler immer in Aktion! Außerdem ist Handball sehr vielseitig und für mich die interessanteste Sportart überhaupt.

Wie bist du zum Handball gekommen?

Als Kind habe ich viele unterschiedliche Sportarten ausprobiert. Aber dann hat mir ein Freund meines Vaters geraten, doch mal beim Handball vorbeizuschauen. Und wie du siehst, da bin ich dann auch geblieben!

Welche Talente braucht ein Handballspieler?

Willst du als Handballer erfolgreich sein, dann sind Schnelligkeit, Ausdauer, Kraft und Geschicklichkeit sehr wichtig. Dazu brauchst du eine gute Spielübersicht, musst immer mitdenken und ein gutes Gefühl für die Spielsituationen haben.

Was sind deine Stärken?

Ich bin ein athletischer Spieler. Meine Stärken sind vor allem Sprungkraft und Wurfkraft.

Freust du dich immer aufs Training?

Die meisten Trainingseinheiten machen Spaß und ich freue mich darauf. Manchmal gibt es aber auch Tage, an denen ich nicht so gut drauf bin – da fällt es mir schon etwas schwerer, mich zu motivieren.

Super, ihr seid 2007 in Deutschland Handballweltmeister geworden! Welche Ziele gibt es nun für dich?

Es geht gleich weiter! Schon 2008 stehen wieder zwei große Turniere an: die Europameisterschaft in Norwegen und die Olympischen Spiele in China. Da will ich unbedingt dabei sein und natürlich auch Erfolg haben.

Hast du noch Zeit für Hobbys? Was machst du am liebsten?

Viel Zeit bleibt in meinem Handballerleben nicht! Aber wenn ich doch mal Freizeit habe, verbringe sie mit meinen Freunden. Am liebsten gehe ich zum Angeln. Dabei kann ich richtig gut abschalten und die Natur genießen.

Welchen Tipp hast du für junge Handballspieler?

Wenn ihr erfolgreich werden wollt, ist es wichtig, dass ihr im Training immer alles gebt. Wer nur halb trainiert, bringt auch im Spiel nur halbe Leistung! Um eure Talente und Fähigkeiten noch mehr weiterzuentwickeln, solltet ihr neben dem Handballtraining auch ab und zu andere Sportarten ausüben. Ich habe neben dem Handball auch manchmal Fußball und Tischtennis gespielt.

Ich grüsse alle Handball-Fans

L. Kaufmann

Herzlichen Dank für das Gespräch und alles Gute für die Zukunft!

Willst du noch mehr über Lars Kaufmann wissen, dann schau doch mal ins Internet!

ICH TRAINIERE HANDBALL

4 TRAINING – DER WEG ZUM ERFOLG

So, wie die Topspieler mit dem Ball umgehen, das wäre das Größte für dich! Deine Finten und dein scharf platzierter Wurf lassen jede Abwehr verzweifeln. Du stehst immer zur richtigen Zeit in optimaler Position, keiner kommt an dir vorbei und du fängst einfach jeden Ball.

Bestimmt ist dir im Training und im Spiel schon aufgefallen, dass nicht immer alles so perfekt klappt, wie du es dir wünschst. Der Torwurf geht daneben, der Pass zum Mitspieler ist manchmal ungenau und beim Prellen rutscht dir der Ball weg. In der zweiten Halbzeit könnte noch mehr Kraft zum Laufen da sein und die Angst vor schnellen und starken Gegenspielern ist auch noch nicht weg!

Du hast sehen können, dass andere auch ganz gut spielen, einige besser als du. Aber das ist kein Problem, denn, was andere können, das erreichst du auch. Aber wie kannst du es anstellen, ein guter und vielleicht auch ein Spitzenspieler, ein erfolgreicher Nationalspieler oder eine erfolgreiche Nationalspielerin zu werden? Fest steht, du musst gut trainieren, wenn du dich im Handball verbessern willst. Mit diesem Trainingsbuch wollen wir dir helfen, dafür erfolgreich zu trainieren.

Keine Sorge! Es ist noch kein Meister vom Himmel gefallen! Die anderen haben auch so angefangen und sind erst durch viel Training so weit gekommen.

DER WEG ZUM HANDBALLGIPFEL

Das Buch wird deinen Trainer nicht ersetzen können. Es wird dir jedoch erklären, warum dein Trainer mit dir die Handballtechnik und die Kondition trainiert, warum er sagt, dass du dein taktisches Gefühl, deine Konzentration, deine Kraft und deine Beweglichkeit verbessern musst.

Du lernst verstehen, warum es wichtig ist, neben dem Handballspielen in der Halle auch noch andere Übungen, die scheinbar überhaupt nichts mit dem Handballspiel zu tun haben, auszuführen.

Warum musst du dich vor dem Training und vor dem Spiel aufwärmen und dehnen? Warum ist eine gute Absprache und ein zuverlässiges Zusammenspiel mit den Mannschaftskameraden wichtig?

Du erfährst, warum du manchmal denkst, es geht nicht besser und du nicht an jedem Tag gleich gut bist. Außerdem erhältst du Anregungen dafür, was du im Training und außerhalb der regelmäßigen Trainingszeiten selbst tun kannst, um deine Leistungen zu verbessern und die Fortschritte selbstständig zu kontrollieren und zu bewerten. Die besten Spieler können das! Nach vielen Jahren Training und vielen Turnieren wissen sie genau, ob sie in Form sind, wie sie sich vorbereiten müssen, was ihre Stärken und Schwächen sind und was sie trainieren müssen, um noch besser zu sein.

Der Trainer ist dann für die Sportler ein guter Freund und Berater, der aber auch manchmal streng sein muss, wenn der „innere Schweinehund" sagt: „Das ist aber heute anstrengend. Jetzt höre ich lieber auf!"

AKTIV, BEWUSST UND MIT FREUDE TRAINIEREN

Als Training im Handball wird all das verstanden, was man **aktiv** und **bewusst** tun muss, um besser spielen zu können. Was bedeutet das aber?

- **Aktiv** heißt, dass du selbst trainieren musst. Du wirst nicht dadurch besser, dass dein Trainer Ballführungs- oder Wurfübungen macht. Auch nicht, wenn du dir ein Buch zum Konditions- und Techniktraining nachts unter das Kopfkissen legst. Sondern nur, wenn du selbst trainierst, also aktiv bist.

- **Bewusst** heißt, dass du den Sinn und Nutzen der Aufgaben, die dir der Trainer aufgibt, verstehst und sie selbstständig erfüllst. Dass du dir vielleicht auch schon selbst Trainingsaufgaben ausdenkst und sie ausführst.

Du machst also nicht nur das, was dir gesagt wird, sondern weißt auch, warum du es tust, was gut ist für deinen Erfolg. Wenn du weißt, warum du etwas tust, hast du mehr Freude daran und hältst länger durch.

Da ein Handballspieler viele Jahre trainieren muss, um gute Leistungen zu erzielen, ist es sinnvoll, gleich zu Beginn zu erfahren, was richtiges Training bedeutet und zu lernen, wie man trainiert. Du machst so größere Fortschritte und außerdem macht das Training dann viel mehr Spaß.

RICHTIG TRAINIEREN – ABER WIE?

Voraussetzung für das bewusste Trainieren ist, dass du dir einige Fragen beantworten kannst:

- Was sind meine Ziele?
- Was will ich erreichen?
- Wie kann ich am besten trainieren?
- Was sind meine Motive?
- Warum strenge ich mich so an?
- Was kann ich tun?
- Wie oft muss ich trainieren?
- Was brauche ich?

Ziele sind der Antrieb jedes ehrgeizigen Sportlers! Im Handball unterscheiden wir zwischen den Mannschaftszielen (wir wollen aufsteigen, wir wollen im Zusammenspiel aufmerksamer sein ...) und den Zielen, die sich jeder Spieler selbst stellt (ich will in die Stammmannschaft, ich wil mindestens fünf Tore werfen ...).

WAS WILL ICH ERREICHEN?

Damit du aktiv und bewusst trainieren kannst, brauchst du klare Ziele. Wenn du keine Ziele hast, wird dir das Training bald keinen Spaß mehr machen. Natürlich willst du vor allem Freude am Handballspiel haben. Aber richtigen Spaß macht es dir auf Dauer nur, wenn du ein immer besseres Gefühl für den Ball, das Tempo und die Spielsituation bekommst. Mit vielseitigen Handballtechniken meisterst du auch die schwierigste Lage, verhinderst in der Abwehr Tore und greifst gefährlich an. So wirst du ein zuverlässiges Mannschaftsmitglied sein und beim Sieg helfen. Oder würde es dir vielleicht gefallen, immer nur der Langsamste zu sein, Tore zuzulassen und die Torchancen nicht zu nutzen?

Vielleicht stellst du dir gleich ein ganz großes Ziel: Da werden im Fernsehen die Spiele bei Weltmeisterschaften und den Olympischen Spielen übertragen oder du schaust bei großen Turnieren zu. Die Spieler sind voll konzentriert und technisch perfekt. Die Pässe kommen präzise, die Abwehr steht und beim Angriff hat der Gegner kaum eine Chance. Alle jubeln, staunen und sind begeistert. Nun denkst du: „Das möchte ich auch erreichen."

Das ist auch richtig so! Doch nur vom Sieg zu träumen, ist noch nicht die Wirklichkeit. Da muss erst viel Schweiß fließen und du wirst auf diesem Weg neben kleineren Erfolgen auch viele Niederlagen einstecken.

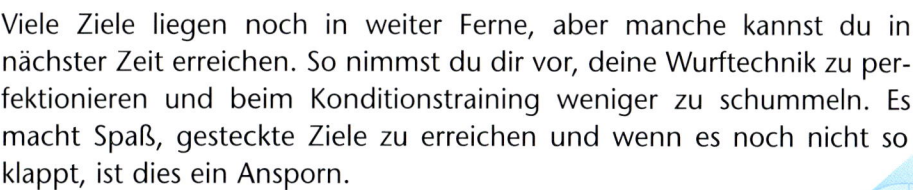

Viele Ziele liegen noch in weiter Ferne, aber manche kannst du in nächster Zeit erreichen. So nimmst du dir vor, deine Wurftechnik zu perfektionieren und beim Konditionstraining weniger zu schummeln. Es macht Spaß, gesteckte Ziele zu erreichen und wenn es noch nicht so klappt, ist dies ein Ansporn.

Setze dir keine unmöglichen Ziele, sondern nur solche, die du auch in nächster Zeit erreichen kannst.

ICH TRAINIERE HANDBALL

Was ich erreichen will/Datum	Zieldatum/geschafft!
Medizinballweitwurf aus dem Kniestand / 22.12.	16.01. ✓
30 m Slalomprellen mit dem Handball/ ...	
Auf der Mitte spielen 12.08.10	17.08.10 ✓
5 Vorlagen 12.08.10	23.09.10 ✓
5 Tore 12.08.10	01.10.10 ✓

Trage in diese Tabelle deine Ziele mit Datum ein. In der zweiten Spalte wird eingetragen, wann du das Ziel erreichen willst. Hast du es dann wirklich erreicht, mache ein Häkchen und schreibe das tatsächliche Datum dazu.

Wenn die Liste voll ist, dann zeichne dir eine neue Übersicht und lege oder klebe sie dir hier ins Buch. Du kannst dir aber auch ein „Zieleheft" anlegen, welches du längere Zeit benutzt.

MUSS NICHT DER TRAINER DIE ZIELE FESTLEGEN?

Eigentlich könnte doch der Trainer die Ziele planen und festlegen! Er kann dir doch sagen, was du erreichen kannst und solltest. Das wird er auch tun. Er steckt sich Ziele für das Training mit seinen Sportlern und stellt Trainingspläne auf, nach denen er mit ihnen trainiert und bespricht dies mit seinen Spielern.

Doch jeder Handballspieler kennt sich selbst am genauesten, seine Stärken und Schwächen. Deshalb weiß er auch am besten, welche Ziele er sich setzen kann. Es ist immer besser, wenn du dir deine Ziele selbst stellst, als sie von jemandem „aufgedrückt" zu bekommen. Für eigene Ziele bist du viel eher bereit, alles zu geben, sie auch zu erfüllen. Wenn du deinem Trainer genau sagen kannst, was noch nicht so klappt und was du in der nächsten Zeit verstärkt üben willst, dann kann er auch darauf eingehen und dir beim Trainieren helfen.

Natürlich haben Trainer und Sportler manchmal unterschiedliche Auffassungen. Teilweise gibt es Widerspruch zwischen den Zielen, die du dir selbst stellst und denen, die der Trainer für dich vorsieht. Für den Trainer ist es ja nicht einfach. Stellt er nach deiner Meinung zu hohe Ziele, dann traut er dir eine Menge zu, aber überfordert dich damit. Wenn du denkst, seine Ziele sind für dich zu niedrig, dann zeige ihm, dass du mehr draufhast.

DAS GESAMTZIEL UND DIE TEILZIELE

Toni hat beim letzten Spiel viele Aktionen im Angriff nicht zum Erfolg gebracht. Immer wieder wurde er durch die Abwehr „festgemacht", seine Würfe waren ungenau oder noch schlimmer – sie wurden vom Torhüter einfach gehalten. Er ist sauer, weil er die Erwartungen des Trainers, seiner Mannschaft, des Vereins, der Eltern und vor allem auch seine eigenen nicht erfüllt hat.

Er weiß aber auch, woran es lag – nämlich an seiner fehlenden Ganzkörperkraft beim Zweikampf während der Finten und der ungenügenden Wurfkraft bei den Torwürfen. Für die nächste Zeit hat er sich vorgenommen, seine Rumpfkraft und Wurfkraft zu verbessern. Das ist sein Gesamtziel. Nun kann er natürlich nicht gleich in den ersten Trainingseinheiten alle Körperbereiche sofort und gleichzeitig kräftigen. Deshalb hat er sich Teilziele gesetzt, die ihn zum Gesamtziel bringen.

Wie das gemeint ist, kannst du hier sehen:

Stationen auf dem Weg von **SCHWACHE KRAFTAUSDAUER** zu **STARKE KRAFTAUSDAUER**:

- STÄRKUNG DER RUMPFMUSKULATUR (BAUCH UND RÜCKEN)
- ALLGEMEINE STÄRKUNG DER BEINMUSKULATUR
- ALLGEMEINE STÄRKUNG DER SCHULTER- UND ARMMUSKULATUR
- VERBESSERUNG IM BEREICH SCHNELLKRAFT
- STEIGERUNG DES ANGRIFFSERFOLGS
- UNTERSCHIEDLICHER KRAFTEINSATZ UND SITUATIONSGERECHTES HANDELN

So kannst du dir für alle konditionellen Fähigkeiten, für Angriffs- und Abwehrtechniken, für Wettkampfstärke usw. Teilziele stellen. Du überlegst dir also, in welchen Teilschritten du zu deinem Gesamtziel kommen willst.

Es ist ganz gut für die Motivation, wenn man ab und zu Erfolge hat – und wenn es auch erst einmal Teilerfolge sind!

WARUM WILL ICH HANDBALL TRAINIEREN?

Der Grund oder auch die *Motive* für das Training sind der „psychische Motor", der das Training in Gang setzt. Sie entscheiden darüber, ob du zum Training gehst oder nicht, ob du kämpfst oder dich bei einem Misserfolg hängen lässt.

Bei schlechtem Wetter und Langeweile ist es kein Problem, zum Training zu gehen. Du hast Abwechslung, triffst deine Freunde und ein Trainingsspiel bringt dich so richtig in Schwung. Aber was ist, wenn die Sonne scheint, wenn die Freunde zum Eisessen oder ins Freibad gehen? Vielleicht kommt eine schöne Serie im Fernsehen? Ist dann auch die Sporttasche so schnell gepackt?

Bist du noch verärgert, weil du beim letzten Spiel durch den Angreifer zu oft ausgespielt wurdest oder gibt es noch eine „offene Rechnung" mit Tom, der im Spiel mehr Tore als du erzielt hat? Wenn du aber unbedingt ein Zwischenziel erreichen willst und du weißt, das nächste Training ist für die Mannschaftsaufstellung oder das bevorstehende Turnier besonders wichtig, dann wird dir die Entscheidung nicht sehr schwerfallen.

ICH TRAINIERE HANDBALL

ICH GEHE ZUM TRAINING UND BEMÜHE MICH UM BESTE LEISTUNGEN,

	Sehr wichtiger Grund	Wichtiger Grund	Nicht so wichtig
weil ich das Mannschaftsspiel liebe.	☐	☐	☒
weil ich etwas für meine Gesundheit tun will.	☐	☐	☒
weil ich in einer erfolgreichen Mannschaft spielen will.	☐	☒	☐
weil meine Eltern es wollen.	☐	☐	☒
weil mein Freund/meine Freundin auch geht.	☐	☐	☒
weil ich meinen Trainer nicht enttäuschen will.	☐	☐	☒
weil ich gern in einer tollen Trainingsgruppe bin.	☒	☐	☐
weil ich sonst nichts anderes zu tun habe.	☐	☐	☒
weil man fürs Handballspiel viel „Köpfchen" braucht.	☐	☒	☐
weil ich schnell und wendig bin.	☐	☒	☐
weil ich gerne mal in der Zeitung stehen will.	☐	☐	☒
weil ich mal zur Nationalmannschaft gehören will.	☒	☐	☐
weil ich durch Training meinen Charakter festige.	☐	☒	☐
weil Handball einfach toll ist.	☒	☐	☐
weil _____	☐	☐	☐
weil _____	☐	☐	☐

Überprüfe doch einmal selbst, warum du zum Training gehst und dich anstrengst. Entscheide, wie wichtig ein Motiv für dich ist. Zeichne in diese Liste ein Kreuz in die jeweilige Spalte. Wenn du noch andere Gründe hast, dann ergänze sie in den beiden freien Zeilen.

WAS KANN ICH TUN, DAMIT ICH MEINE ZIELE ERREICHE?

Ein ganz wichtiger Grund für die Anstrengung im Training ist, dass du weißt, warum du die einzelnen Übungen ausführen musst und wie du dadurch deine Leistungen verbessern kannst. Viele Sportwissenschaftler und Ärzte haben untersucht und geforscht, welche Trainingsmethoden für Handballspieler die günstigsten sind, um beste sportliche Leistungen zu bringen und den Körper gesund und fit zu halten. Denn einfach draufloszutrainieren, bringt meist nicht den gewünschten Erfolg. Es kann dir sogar schaden.

Die Anstrengung im Training, die zur Leistungsverbesserung führen soll, nennt man *Belastung*. Wie jeder einzelne Spieler verschieden ist, so ist auch seine Belastbarkeit und die notwendige Belastung zur Leistungsverbesserung verschieden. Wenn sich ein Sportler beim Training zu wenig anstrengt, dann erreicht er keine Leistungsverbesserung und wenn er sich zu sehr belastet, dann kann dies zu Erschöpfung und durch Unkonzentriertheit zu Verletzungen führen. Leider gibt es keine Tabelle, in welcher der Spieler oder der Trainer nachschauen kann, wie hoch die Belastung sein sollte und darf. Da muss jeder Sportler selbst mithelfen.

Im Laufe der Zeit lernt er, in seinen Körper „hineinzuhören" und zu erkennen, wann die Belastung hoch genug ist.

REGELMÄSSIGES TRAINING IST WICHTIG

Bei richtiger Belastung im Training kommt es zur Leistungssteigerung, weil sich unser Organismus anpasst. So wird das Herz größer und leistungsfähiger, die Muskeln werden kräftiger und du bist in der Lage, dich über einen längeren Zeitraum voll zu konzentrieren. Du merkst nach einiger Zeit regelmäßigen Trainings, dass Übungen, bei denen du früher noch außer Puste gekommen bist, dich gar nicht mehr so anstrengen. Wenn du früher nach der ersten Halbzeit schon völlig erschöpft warst, hältst du nun länger durch.

Bestimmt hast du aber auch schon gemerkt, wenn du länger nicht trainiert hast, war dein „Zustand" wieder etwas schlechter. In der ersten Trainingsstunde nach der Pause fielen dir die Bewegungsabläufe und Übungen schwerer und deine Leistungen waren nicht mehr so gut. Du musstest also wieder mit einer geringeren Belastung beginnen, als du die letzte Trainingsstunde beendet hast.

Erinnerst du dich noch an unser Beispiel mit dem Gipfel, den du erreichen willst? Faulheit und Unregelmäßigkeit im Training unterbrechen die Leistungsentwicklung. Du wirst auf dem Weg zum Erfolg wieder ein Stück zurückgeworfen. Das ist so, als ob du den Weg, den du schon zurückgelegt hast, wieder ein Stück zurückrutschst.

Manchmal ist es auch nicht möglich, so zu trainieren, wie man sich das vorgenommen hat. Es gibt Zeiten, wo du mehr für die Schule lernen musst oder du in Urlaub bist. Vielleicht gibt es auch nicht genug Platz- oder Hallenzeiten. Wenn du durch Krankheit oder eine Verletzung nicht trainieren kannst, dann musst du dich selbstverständlich schonen und wieder gesund werden.

Ansonsten hast du viele Möglichkeiten, um in Form zu bleiben: Gehe zum Joggen, mache einige Kraftübungen, Übungen zum Ballgefühl, Dehnungen im Zimmer oder trainiere deine Beweglichkeit. Nutze den Sommer, um beim Schwimmen, Paddeln, Inlineskaten oder Mountainbikefahren deine Kraft und Ausdauer zu trainieren. So wird dir der Anschluss nach der Pause etwas leichter fallen.

WAS MACHT EINEN GUTEN HANDBALLSPIELER AUS?

Sicher fallen dir eine Menge gute Antworten auf diese Frage ein. Es gibt viel, was ein Handballspieler können, haben und wissen muss. Wir versuchen in dieser Übersicht darzustellen, was sich alles auf die Leistung eines Spielers auswirkt und was trainiert werden muss. Die einzelnen Faktoren kann man auf keinen Fall getrennt voneinander sehen. Deshalb überschneiden sich in der Darstellung die Kreise auch. Der Kreis der psychischen Fähigkeiten umschließt alles, da diese auf alles einwirken. Hinzu kommen noch wichtige Einflüsse von außen, was du an den äußeren Pfeilen ablesen kannst.

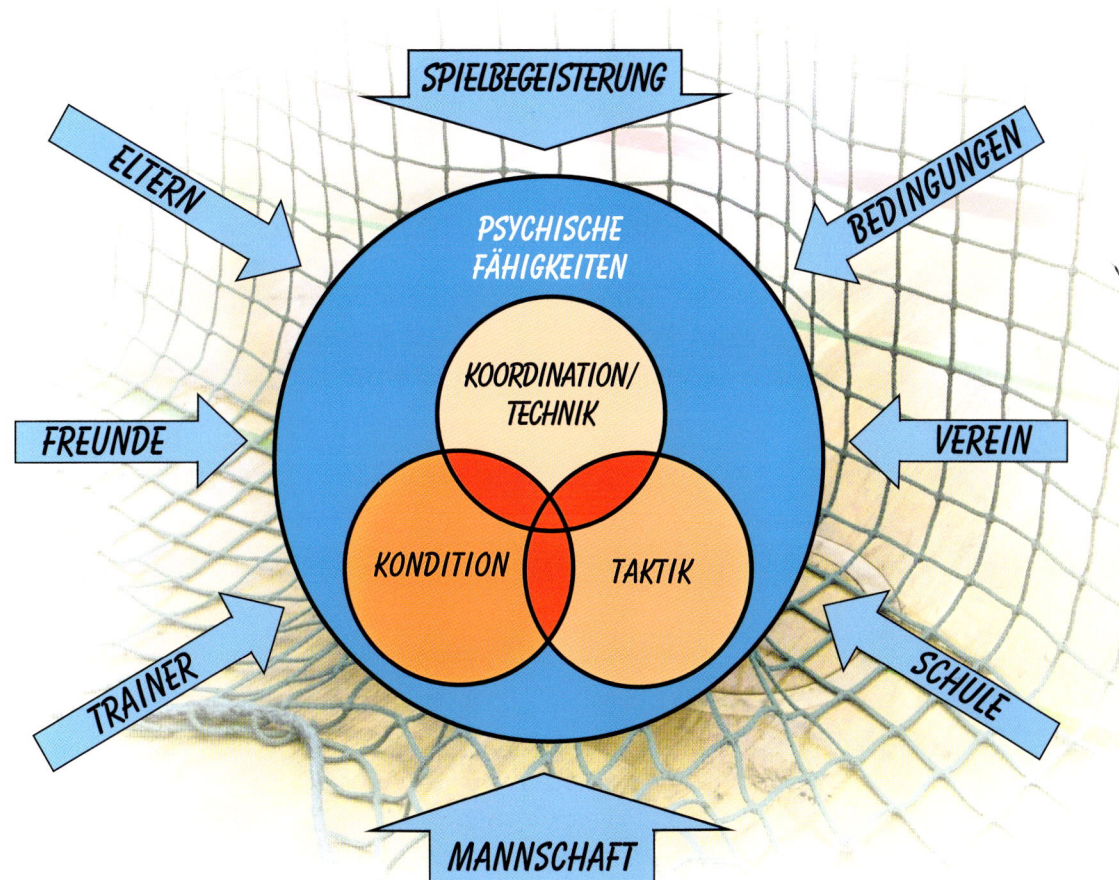

Mit **Technik und guter Koordination** sind die speziellen Bewegungen im Handball gemeint. Dazu gehören die verschiedensten Möglichkeiten von Zuspielen, Fangen, Prellen, Täuschungen, Torwürfen und Abwehrtechniken.

Bei einem Handballspieler, der über eine gute Ausdauer und Kraft verfügt, schnell und beweglich ist, sagt man, dass er eine gute **Kondition** hat. Im Spiel willst du den Gegner mit schnellen Täuschungen ausspielen, zum Wurf hoch abspringen und scharf werfen sowie in der Abwehr den Gegner festmachen können. Dazu musst du über die ganze Spiel- und Turnierzeit topfit und voll konzentriert sein.

Die **Taktik** ist der Plan, mit dessen Hilfe du deinen Gegner besiegen kannst. Welche Technik ist in welcher Spielsituation die erfolgreichere? Wie kannst du deine Stärken einsetzen und wie regelt ihr das Zusammenspiel in der Mannschaft?

Von der **Psyche** hängt ab, wie siegessicher, kampfstark oder ängstlich du bist, ob dich ein Gegentor, ein Fehlwurf oder ein verlorener Zweikampf entmutigt oder anspornt, jetzt erst recht zu kämpfen. Die Nervosität sollte in besondere Aufmerksamkeit und Spielfreude umgewandelt werden.

Auf unserer Übersicht siehst du auch noch Pfeile wie **Eltern, Freunde, Trainer, Bedingungen, Verein und Schule**. (Man könnte noch mehr aufzählen.) Das sind alles Einflüsse, die von außen kommen und sich auf die Leistungen des Spielers auswirken. Es ist sehr wichtig, ob die Eltern dich beim Trainieren unterstützen oder dagegen sind. Es ist auch von Bedeutung, wie gut du dich mit dem Trainer und den Mannschaftskameraden verstehst. Mit Problemen in der Schule, Streit mit Freunden oder Stress in der Familie hat man den Kopf nicht frei. Es ist toll, wenn viele Zuschauer jubeln, das Spielfeld in gutem Zustand ist und der Ball in Ordnung ist. Und ohne die notwendige **Spielbegeisterung** wirst du wohl keine Topleistungen erbringen können.

ALLE FAKTOREN ZUSAMMEN BRINGEN DEN ERFOLG

Das Handballspiel stellt hohe Anforderungen an Ausdauer, Schnelligkeit, Arm- und Beinkraft. Deshalb ist eine gute Kondition natürlich sehr wichtig. Aber mit Kondition allein bist du noch kein erfolgreicher Spieler. Auch wenn du nur eine perfekte Technik hast oder nur eine super Taktik, wirst du deiner Mannschaft nicht helfen können. Ein Handballspieler braucht alle Faktoren zusammen. Und wenn die Psyche, unser Steuerungssystem, ausfällt, kann alles durcheinandergehen.

Was bedeutet das für dein Training?

Das beste Training ist viel spielen und üben! Beim Üben und im Spiel kannst du laufen, werfen, fangen, zuspielen und Tore werfen. Du musst Nervenstärke zeigen und testest, welche Taktik am erfolgreichsten ist. Wer viel spielt, hat die besten Chancen, Trainingsfortschritte zu erreichen. Doch spürst du auf einem Gebiet besondere Schwächen, dann ist zusätzliches Training angesagt. In den nächsten Kapiteln werden wir die einzelnen Faktoren genauer erklären und über Trainingsmethoden sprechen. Wir zeigen dir Möglichkeiten für Übungen daheim, für die Selbstkontrolle und die Bewertung deiner eigenen Leistung. Sprich über alles auch mit deinem Trainer. Dieser kennt sich aus damit.

ICH TRAINIERE HANDBALL

1 Stell dir vor, du kommst beim Training mit einem neuen Trainer in folgende Situationen. Wie würdest du reagieren?

A Dein Trainer gibt dir vor, 10 x einen Sprungwurf über eine gespannte Leine tief und hoch ins Tor zu werfen. Die Leine ist dabei 50 cm über deine Reichhöhe gespannt. Nun hast du aber gerade den Sprungwurf aus einem Schrittanlauf gelernt und dieser klappt noch nicht ganz so gut!

B Die Saison beginnt nach den Sommerferien wieder und athletisches Grundlagentraining steht auf dem Programm. Der Trainer verlangt von dir, 30 Minuten zu laufen. Du hast aber schon in den Ferien fleißig trainiert, bist bis zu 45 Minuten gelaufen und hast dabei sogar 10 Zwischenspurts bis zu 60 m durchgeführt.

2 Wahrnehmungsspiel

Ein Handballspieler muss in der Lage sein, in kurzer Zeit die Situation auf dem Spielfeld zu erkennen. Dafür braucht er ein sehr gutes Wahrnehmungsvermögen.

Schau dir nun das Foto auf S. 150 zehn Sekunden lang (bis zehn zählen) genau an. Dann kehre zu dieser Seite zurück, drehe das Buch um und beantworte aus dem Gedächtnis die Fragen.

Wer trägt Knieschützer?
Ist das Fenster offen?
Sieht man ein Tor?
Wie viele Personen stehen links?
Welche Farbe hat der Ball?
Wer hat den Ball in der Hand?

Die Lösung findest du ja dann selbst auf Seite 150!

5 PSYCHISCHE FÄHIGKEITEN

Wie kommt es, dass die Menschen Freude und Trauer empfinden können, dass sie sich verlieben oder jemanden hassen? Wie kommt es, dass die Menschen denken, sich erinnern und träumen können?

Schon immer hat man wissen wollen, was da in unserem Körper passiert. Man konnte es sich nicht erklären und hat das Ganze *Seele* genannt. Der berühmte Mediziner Rudolf Virchow (1821-1902) hat seine Studenten aufgefordert, die Seele im menschlichen Körper zu suchen. Aber was sie bei den zu sezierenden Leichen fanden, waren das Gehirn, das Herz, die Lunge, die Leber und alle anderen Organe. Aber eine Seele fanden sie nicht.

Diese konnte auch nicht gefunden werden, weil das Wahrnehmen und Vorstellen, das Denken und Entscheiden sowie das Fühlen und Wollen Ergebnisse der Tätigkeit unseres Gehirns sind. Die Wissenschaft, die sich damit beschäftigt, heißt *Psychologie* und der alte Begriff der Seele wurde durch das Wort *Psyche* ersetzt.

Mit *psychischen Fähigkeiten* ist somit gemeint, wie der Handballspieler mit Freude, Ärger, Wut, Aufregung, Siegeswillen, Angst und den vielen anderen Gefühlen umgehen und sie im Training und im Wettkampf nützlich und erfolgreich einsetzen kann. In der Psychologie wird auch untersucht, wie das Denken abläuft und wie unsere Muskeln Befehle erhalten. Wir stellen uns unser Gehirn als Computer vor, der alles steuert. Während des Handballspiels läuft dein „Computer" auf Hochtouren, daher muss auch er gut vorbereitet sein.

UNSER „COMPUTER"

Wir wollen hier keinen medizinischen Fachvortrag halten. Außerdem ist die Sache mit dem Gehirn viel zu kompliziert und zu umfangreich, um es in einem kleinen Kapitel zu beschreiben. Aber manche Leute denken wirklich, dass Sport nur eine Sache der Muskeln sei. Sie wissen nicht, dass die Impulse für die Muskeln vom Gehirn kommen und dass jede komplizierte sportliche Bewegung und Handlung durch Nervenverbindungen im Gehirn gesteuert wird. Damit du die Bedeutung deines Gehirns beim Handballspiel erkennst, dürfen wir solch ein Kapitel in diesem Trainingsbuch aber auch auf keinen Fall weglassen.

WAHRNEHMUNG – SCHALTUNG – GEHIRN – MUSKEL

In den Zeichnungen siehst du ganz vereinfacht, wie dieser Prozess abläuft. Über Rezeptoren, die sich in unseren Sinnesorganen befinden, nimmst du viele Informationen auf. Du siehst etwas, hörst, schmeckst und fühlst. Diese Informationen werden dann über Nervenbahnen zum Gehirn geleitet. Auf dem Weg zum Gehirn enden sie erst einmal in einer Schaltstation. In unserer Zeichnung ist es ein Stück des Rückenmarks, das sich in der Wirbelsäule befindet. Das Gehirn „meldet" dann an den jeweiligen Muskel, wie er arbeiten soll.

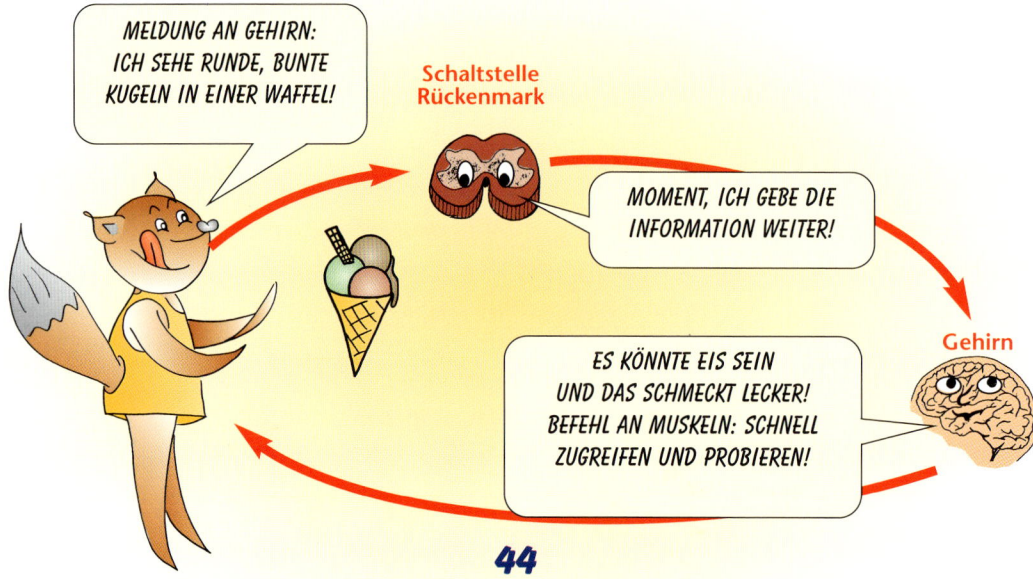

Wahrnehmen

Der Aktionsraum im Handballspiel ist relativ klein und die Spielzüge laufen sehr schnell ab. Du willst in jeder Situation bereit sein und erfolgreich reagieren. Dazu ist es wichtig, das Spielgeschehen zu beobachten und die Reaktionen der Gegenspieler, die Positionen und Spielbereitschaft deiner Mannschaftskameraden sowie den Weg des Balls zu erfassen.

Bewusstes Reagieren

Die meisten Reize und Informationen, die wir über unsere Sinne aufnehmen, werden von den Schaltstellen zu den jeweils dafür zuständigen Abschnitten des Gehirns weitergeleitet. Nach einer Kontrolle der eingehenden Reize werden sie mit Erfahrungen verglichen und gedanklich verarbeitet. Auf den Nervenbahnen gelangen die Befehle zur Ausführung der bewussten Handlungen von der Großhirnrinde über das Rückenmark (das ist die Schaltstelle) an die Muskeln.

Wahrnehmung:	Im Angriff bist du in Ballbesitz und siehst den Abwehrspieler nach vorn in deine Richtung kommen.
Deine Erfahrungen:	Wenn der Abwehrspieler so offensiv gegen mich decken will, kann ich ihn besser ausspielen.
Gedankliche Vorbereitung:	Ich gehe in einen Fintierangriff nach links, um den schnellen Durchbruch nach rechts vorzubereiten.

Ganz schön schwierig? Aber, keine Panik! Das meiste davon bildet sich von selbst aus, wenn du viel übst und einige Erfahrungen gemacht hast.

REFLEXE

Kennst du folgende Situationen? Du greifst versehentlich an die heiße Herdplatte und ziehst blitzschnell die Hand weg, du wirst von hellem Licht geblendet und kneifst die Augen zu oder du rutschst auf einer glatten Fläche aus und ruderst mit den Armen, um nicht hinzufallen. In diesen Situationen reagieren deine Muskeln unbewusst, ohne dass du überlegen musst, was zu tun ist. Man nennt diese Reaktion *Reflex*. Weil du nicht erst nachdenken musst, was zu tun ist, brauchen die Informationen auch nicht an das Gehirn weitergeleitet zu werden. Der Impuls geht von der Schaltstelle gleich an den Muskel.

Im Handball treten diese Erscheinungen zum Beispiel auf, wenn der Ball plötzlich anders kommt als erwartet oder du bei einem Sprung die Balance verlierst. Dann musst du schnell reagieren und hast keine Zeit, erst lange nachzudenken. So kann ein Spieler jede Situation im Griff haben.

Wenn du viel spielst, möglichst auch mit verschiedenen Mitspielern in der Mannschaft und gegen unterschiedliche Gegner, sammelst du Erfahrungen und Reflexe bilden sich aus. Dazu solltest du möglichst viel über deine Sportart wissen. Die Entscheidung, was ein bestimmter Reiz bedeutet und was darauf die beste Antwort ist, kann ein Handballspieler viel schneller treffen, wenn er vorbereitet ist und nicht erst lange überlegen muss.

DIE PSYCHISCHE VERFASSUNG WIRKT SICH AUF DIE LEISTUNG AUS

Mit viel Training bereitest du dich auf ein Turnier vor. Immer wieder arbeitest du an deiner Kondition und feilst an der Wurftechnik. Du erhältst Tipps, korrigierst Fehler und übst so lange, bis es klappt. Nun bist du supergut vorbereitet und musst eigentlich alles nur so machen wie im Training. Doch was ist nun los? Du zitterst vor Aufregung, hast Angst zu versagen, den Ball zu verprellen oder einen Fehlpass zu spielen. Du kannst dich kaum auf das Spiel konzentrieren. Bist du nun deinen Gefühlen und den zitternden Beinen hoffnungslos ausgeliefert oder kann man die Psyche auch trainieren? Da wollen wir dich beruhigen, du kannst etwas dafür tun!

Zuerst ist es ganz wichtig zu wissen, was in deinem Inneren überhaupt vorgeht. Wenn du die Ursachen kennst, kannst du dich besser darauf einstellen und dich auf solche Situationen vorbereiten.

Anspannung und Nervosität

Die Aufregung vor einem Wettbewerb ist normal und ganz wichtig. Kein Sportler kann erfolgreich sein, wenn er alles ganz cool und locker sieht. Diese innere Anspannung hilft dir, beste Leistungen zu vollbringen. Nur zu viel Aufregung ist schädlich. Du kannst dich weniger konzentrieren, bist verkrampft und vor allem – du machst Fehler.

Angst

Es gibt unterschiedliche Gründe für einen Spieler, Angst zu haben. Manchmal ist es die Angst, schlecht zu reagieren und zu versagen. Auch überhartes oder brutales Abwehrspiel des Gegners wirkt beim ersten Eindruck einschüchternd. Vielleicht hattest du in letzter Zeit einige dumme Abspiel- oder Abwehrfehler. Oder bist du nicht sicher, gut genug für deine Mannschaft zu sein und kritisiert zu werden? Ein wenig Respekt ist ganz nützlich. Er lässt dich ernsthafter und aufmerksamer sein. Ansonsten ist ein ängstlicher Spieler unsicher und es fehlt ihm der nötige Biss.

Gegen dieses negative Gefühl kannst du im Training, im Gespräch mit Mannschaftskameraden, dem Trainer, mit Eltern oder Freunden angehen. Oft helfen Entspannungsübungen.

Wut

Du kannst auf viele Dinge wütend sein – auf deinen Trainer, deine Mitspieler, deine Eltern, die Freundin, den Gegner, die Schule usw. Vielleicht klappt die Technik im Training oder im Spiel nicht so, wie du es dir vorgenommen hast. Bist du auch manchmal wütend auf deine „schlechten" Mannschaftskollegen? Du musst lernen, mit aggressiven Gefühlen umzugehen. Lass nicht den Zorn an deinen Sportkameraden oder dem Trainer aus. Verspürst du Ärger, dann nutze dieses Gefühl, um noch konzentrierter und kämpferischer an deine Aufgabe zu gehen. Sei energisch – aber nicht ungerecht! Bleib ruhig und nimm dies als Ansporn.

Oft helfen dir kleine Selbstgespräche zum Konzentrieren, Mutmachen und Anspornen!

Überwindungsfähigkeit

Ein Spieler wird immer wieder in Situationen geraten, in denen er aufgeregt ist, Angst oder Wut hat, an seine Grenzen geht oder nur lustlos ist. Er sollte auch im Training durchhalten, sich steigern und, wenn nötig, die Zähne zusammenbeißen. Suche dir immer wieder neue Herausforderungen und sei auch bereit, etwas Neues zu probieren. Du stößt immer wieder an deine Grenzen und lernst, diese in vernünftigem Maß zu überwinden.

Solche Herausforderungen können sein:

Angst bei starken Abwehrspielern
(„Den kann ich bestimmt nicht ausspielen. Der ist zu stark!")

Körperliche Leistungsgrenzen beim Training
(„Ich kann nicht mehr, es ist zu anstrengend! Ich kann nicht mehr springen. Ich bin total erschöpft und ausgepumpt!")

Angst vor Neuem
(„Es hat doch, wie ich es gemacht habe, immer so gut geklappt! Warum soll ich jetzt etwas Neues probieren? Das geht bestimmt schief!")

Konflikte mit Trainern oder Sportkameraden
(„Immer habe ich Schuld! Keiner bemerkt meine Schwierigkeiten! Keiner hilft mir! Keiner mag mich!")

Überwinde dich selbst und du wirst später stolz auf dich sein. Selbstüberwindung im Sport stärkt dich und hilft dir, auch Probleme in der Schule und in anderen Lebensbereichen zu meistern.

Bist du dir nicht sicher, wie du mit deinen Problemen umgehen sollst, dann lass dich beraten. Bestimmt sind Eltern, Trainer, Freunde oder der Hausarzt gute Ansprechpartner.

Aufmerksamkeit und Konzentrationsfähigkeit

Ob gerade Unruhe in der Halle ist, Zurufe kommen oder die Gegenmannschaft sich über das erzielte Tor freut – lass dich nicht ablenken! Der Sportler muss sich voll und ganz auf das Spiel konzentrieren. Gedanken an private Probleme, die Angst vor möglichen Fehlern oder einer Niederlage lenken ab. Auch Schulprobleme oder Überlegungen, was du zur nächsten Party anziehst, müssen während des Trainings oder des Spiels außer Acht gelassen werden.

Je schwieriger eine Aufgabe ist, desto stärker solltest du dich darauf konzentrieren. Wenn die Gedanken abschweifen, kannst du nicht schnell genug auf den Ball reagieren, verpasst das Zuspiel, wirst langsamer und ein winziger Augenblick der Unachtsamkeit kann zum Fehler führen.

Tipps zur Verbesserung der Aufmerksamkeit

- **Um aufmerksam zu sein, muss man wollen!**
  Wenn du keine rechte Lust hast, dich auf deine Hausaufgaben zu konzentrieren, lässt du dich von jeder Kleinigkeit ablenken. Du denkst daran, was deine Freunde gerade machen, schaust einem Vogel nach, der am Fenster vorbeifliegt und achtest auf jedes Geräusch im Haus. Bevor du dich konzentrierst, sage dir, warum du es tust und wozu es gut ist.

- **Lass dich durch nichts und niemanden ablenken!**
  Konzentriere dich auf das Spiel, den Ball und die anderen Spieler. Schon wenn du schaust, was bei den Zuschauern passiert, kann es zu einem Fehler kommen. Auch wenn du daran denkst, was wäre, wenn du einen Fehler machst, bist du abgelenkt.

- **Lege Konzentrationspausen ein!**
  Deine Konzentrationsfähigkeit ist nicht unendlich. Jeder Mensch muss sich ausruhen und neue Kräfte sammeln.

SELBSTBEWUSSTSEIN

Manche sagen: „Selbstvertrauen ist der halbe Sieg!" So einfach ist das natürlich nicht, aber genügend Wahrheit ist schon in diesem Spruch. Der eine, der selbstbewusst, voller Freude und Elan an eine Sache herangeht, an sich und sein Können glaubt, hat natürlich mehr Chancen auf Erfolg als der andere, der ängstlich ist und zweifelt.

Du darfst aber nicht übermütig werden und vor lauter Selbstbewusstsein Fehler machen!

Welche der folgenden Eigenschaften und Einstellungen kannst du als Handballspieler gebrauchen und welche sind eher etwas hinderlich? Streiche durch, wovon du nicht so viel haben möchtest.

Selbstbewusstsein – Spaß am Spiel – ~~Selbstzweifel~~ – ~~blinde Wut~~ – Risikobereitschaft – ~~Ungeduld~~ – Lockerheit – ~~Angst, einen Fehler zu machen~~ – Ehrgeiz – Siegeswille – Vertrauen in die eigene Leistung – Pessimismus – ~~schlechte Laune~~ – sich gut in Form fühlen – Aufmerksamkeit – Konzentration.

AUCH DER BESTE SPORTLER VERLIERT EINMAL

Wenn du zu langsam bist, die Kraft nicht reicht, du den Ball nicht fängst und er dir durch die Finger rutscht, wirst du dich fragen, woran es lag. Vielleicht warst du nicht in Form, die Mannschaft ist noch nicht eingespielt oder die Gegner waren älter als ihr. Sie haben schon länger trainiert und sind deshalb stärker. Dann ärgere dich nicht, sondern trainiere weiter. Wenn du gut bist, klappt es das nächste Mal besser. Freue dich über persönliche Fortschritte und Erfolge.

Bist du aber der Meinung, es hätte mehr drin sein müssen, dann denke über die Gründe und Ursachen nach und lege gemeinsam mit dem Trainer Maßnahmen für das weitere Training fest.

Bist du aber der Meinung, es hätte mehr drin sein müssen, dann denke über die Gründe und Ursachen nach. Dabei hilft dir eine Übersicht, in der die Gründe für eine schlechte Leistung und Maßnahmen fürs Training aufgeschrieben werden.

Wann ich mit meiner Leistung unzufrieden war.	Was waren die Gründe?	Was will ich in nächster Zeit tun?
Zu viele 1:1-Aktionen in der Abwehr verloren.	Mangelnde Konzentration und schlechte Bereitschaftsstellung in der Abwehr.	Schon im Training mehr konzentrieren und ständig auf die Position und Körperhaltung in der Abwehr achten.
Schlechte Wurfeffektivität von der Außenposition. Der Torhüter hält mühelos.	Falsche Sprungrichtung und fehlende Wurfarmschleife - Winkel verbessern.	Gezieltes Techniktraining von außen mit Schwerpunkt Absprung und Wurfschleife.

SELBST GEWÄHLTER DRUCK BILDET PSYCHISCHE STÄRKE

Was denkst du, wenn du die Geschichte von Jenny liest? Kommt sie dir etwa bekannt vor?

> Jenny hat sich auf das Turnier gefreut. Allen hat sie erzählt, wie gut es im Training läuft und dass der Trainer sie für die Mannschaft aufstellt. Sie hat sich gut vorbereitet. Am Abend zuvor packt sie die Tasche und hakt alles auf der Checkliste ab. Nun noch zeitig ins Bett und sich fit schlafen für den großen Tag! Doch beim Turnier geht alles schief. Sie lässt sich in der Abwehr oft ausspielen, macht Abspielfehler und verwirft frei vor dem Tor. Alle sind verwundert und fragen sich, was mit Jenny heute los ist.

Mit Jenny ist das passiert, was auch ganz erfolgreichen Sportlern bei wichtigen Spielen passieren kann. Der Druck war einfach zu stark, sie war zu aufgeregt, konnte sich nicht konzentrieren und ihre eigentliche Leistung nicht bringen. Das ist zwar noch nicht das Ende der Karriere, aber doch sehr ärgerlich!

Du solltest wissen, warum so eine Situation auftritt und was man dagegen unternehmen kann.

DRUCK HAT ETWAS MIT ERWARTUNGEN ZU TUN

Das sind zum einen Erwartungen, die von außen kommen. Sie kommen von deinen Eltern, deinem Trainer, dem Verein, der Schule und deinen Freunden. Sie alle erwarten gute Leistungen von dir.

BRAVO, DU BIST DER BESTE!
WIR SIND STOLZ AUF DICH!
HEUTE STEHT DIE ABWEHR!
ZEIG ALLEN, WAS DU KANNST!
WIR VERLASSEN UNS AUF DICH!

Und dann kommen noch die Erwartungen, die du an dich selbst hast. Du stellst dir eigene Ziele, die du erreichen willst.

HEUTE WILL ICH TORE ERZIELEN!
JETZT ZEIG ICH ES ALLEN!
ICH WERDE JEDEN GEGNER AUSSPIELEN!
ALLE WERDEN STOLZ SEIN UND JUBELN!
DAS VIELE TRAINING LOHNT SICH!

Dieser Erwartungsdruck wird manchmal zu groß. Du bekommst Angst, dass du die hohen Erwartungen, die andere an dich stellen oder die du für dich selbst hast, nicht erfüllst. Und das ist stressig!

WIE DU MIT DRUCK FERTIG WIRST

- **Bereite dich die Woche über im Training gut auf das Turnier vor.** Trainiere fleißig und konzentriert. Stelle dich auf die Anforderungen, die dich erwarten, richtig ein. Dann ist das, was kommt, keine Überraschung mehr.

- **Lege abends alles zurecht,** kontrolliere alles, gehe zeitig schlafen, frühstücke gut und fahre rechtzeitig von zu Hause los.

- **Lass alle Probleme,** die nichts mit dem Spiel zu tun haben, draußen. Stell dir vor, wenn du auf dem Spielfeld bist, kommen keine äußeren Probleme mehr an dich heran. Du konzentrierst dich nur noch auf den Ball und das Spielgeschehen. Du brauchst den sogenannten „Tunnelblick".

- **Du hast dir den Druck selbst gewählt.** Du steckst dir die Ziele und bestimmst, was du erreichen willst. Du könntest dir natürlich auch leichter erreichbare Ziele stellen und damit dem Druck ausweichen, indem du den Mitspielern „den Vortritt lässt", sowieso nicht unbedingt gewinnen willst oder gar nicht erst in die Mannschaft gehst. Stelle dir hohe, aber realistische Ziele. Etwas Druck muss sein. Das macht Spaß, spornt an und aktiviert.

- **Druck formt den Charakter!** Du wirst nur stark, wenn du Drucksituationen bewältigst. Du wirst von Mal zu Mal belastbarer. Wer schon in der Vorbereitung dem Druck ausweicht, wird ein „Weichling" und immer unter seinen Möglichkeiten bleiben. Wer sich selbst überwindet, stärkt seinen Charakter.

Beobachte erfolgreiche Sportler beim Entspannen und Konzentrieren vor dem Spiel und in den Pausen. Wie reagieren sie bei Fehlern, bei veränderter Spielsituation, bei Erfolgen und bei Niederlagen? Versuche, sie nachzuahmen und finde heraus, was dir selbst angenehm ist. Übe diese Rituale und führe sie immer wieder aus. Charaktereigenschaften, die du beim Handballspielen ausbildest, werden dir auch in anderen Lebensbereichen nützlich sein!

TEST

Wie würdest du in den folgenden Situationen reagieren?

1. Situation: Du hast keine Lust, zum Training zu gehen.

A Du bleibst natürlich daheim, weil man sich ja zu nichts zwingen sollte. — 1
B Du gehst ziemlich lustlos zum Training, denn du willst ja deine Eltern nicht enttäuschen. — 2
C Du gehst wie immer zum Training, weil du durch Trainingsausfall wieder schlechter wirst. Vielleicht kommt die Lust ja, wenn du auf dem Spielfeld bist. — 3

2. Situation: Der Trainer kritisiert wiederholt, dass dein Arm bei der Ausholbewegung nicht gestreckt ist.

A Es ist schon ärgerlich, dass ich es noch immer falsch mache. Aber ich bin froh, dass der Ball überhaupt zum Tor kommt. — 2
B Der soll nicht immer so kleinlich sein. Das ist doch kein Schönheitswettbewerb. Noch ein Wort und ich gehe! — 1
C Gut, dass der Trainer immer zuschaut. So können sich erst gar nicht bestimmte Fehler einschleichen. — 3

3. Situation: Der Gegner ist vor allem im Angriff stark.

A Du atmest ruhig, kontrollierst deine Stellung zum Gegenspieler und konzentrierst dich auf deine Abwehr. — 3
B Du denkst dir, das schaffe ich locker. Du schaust noch einmal, ob alle Verwandten da sind und winkst ihnen zu. — 2
C Du hast Angst, das Spiel zu „vermasseln". Es ist ja schon vorprogrammiert, dass du den Gegner nicht am Durchbruch zum Tor hindern kannst. — 1

PSYCHISCHE FÄHIGKEITEN

4. Situation: Der Trainer hat letzte Woche gesagt, dass nicht du, sondern Tom für die Mannschaft aufgestellt wird.

A Du denkst dir, Pech gehabt, da war ich wohl nicht gut genug.   2
B Du bist sauer, weil du mindestens genauso gut bist wie Tom. Hoffentlich klappt es bei ihm nicht und du kannst sagen: „Ich wäre besser gewesen!"   1
C Du hilfst Tom und unterstützt ihn in allem, was er braucht. Im Training strengst du dich an, damit du das nächste Mal wieder aufgestellt wirst.   3

5. Situation: Beim Fangen ist dir der Ball durch die Finger gerutscht.

A Das ist ja logisch, ich war von der Sonne geblendet und konnte so den Ball nicht sehen.   1
B Das ist schon ziemlich ärgerlich, aber jetzt konzentriere ich mich schnell auf den nächsten Ball.   3
C Das Spiel ist bald zu Ende und meine Konzentration lässt nun langsam nach.   2

6. Situation: Du beobachtest, wie ein Gegenspieler den Torkreis betritt, aber der Schiedsrichter hat es nicht gesehen.

A Du akzeptierst die Entscheidung und spielst weiter.   3
B Du sprichst den Gegenspieler an, bittest ihn, fair zu sein und es zu melden.   2
C Du fragst dich, ob der Schiri vielleicht „Tomaten auf den Augen hat" und beschimpfst ihn.   1

Zähle deine Punkte zusammen! Die Auswertung findest du im Lösungsteil.

ÜBUNGEN ZUR ENTSPANNUNG

Zur Entspannung suchst du dir einen ruhigen Ort in der Halle oder außerhalb, wo dich niemand stört. Lege oder setze dich hin und schließe die Augen. Das Wichtigste ist die richtige Atmung:

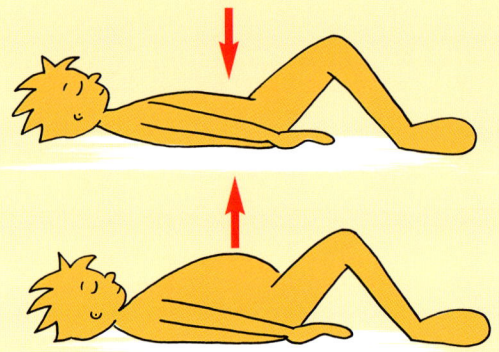

Ruhig und lang ausatmen, dabei senkt sich die Bauchdecke.

Tief in den Bauch einatmen, dabei wölbt sich der Bauch.

Bei den folgenden Übungen werden Muskeln und Sehnen gedehnt. Dabei verspürst du ein leichtes Ziehen. Das tut gut, darf aber nicht wehtun. Halte die Position so lange, wie sie dir angenehm ist. Nicht nachfedern! Vergiss bei den folgenden Übungen die gute Bauchatmung nicht! Weitere Übungen findest du zum Beispiel in Yogabüchern.

Mach dich ganz klein, wie ein Päckchen.

Gehe in die Rückenlage und führe die Beine nach hinten.

Setze dich aus dem Kniestand auf die Fersen und beuge dich dann ganz weit nach vorn.

.... 6 KONDITION

Max geht zum Arzt, weil er denkt, mit seinem Körper ist etwas nicht in Ordnung. „Ich weiß auch nicht, was mit mir los ist. Gestern haben wir Sprungwürfe geübt. O. K., es waren einige, aber ich war danach total erschöpft und konnte mich am Schluss kaum noch auf den Beinen halten. Mir taten die Oberschenkel weh und der Wurfarm war ganz verkrampft!"
„Du hast bestimmt nicht ausreichend trainiert!"
„Doch! 3 x in der Woche gehe ich zum Training. Dort übe ich die Technik von Zuspielen, Torwürfen und Täuschungen, außerdem spiele ich viel."
„Und was trainierst du sonst noch?"
„Wieso, ich spiele doch die ganze Zeit!?"

Was wird der Arzt Max wohl sagen? Klar, er trainiert zu einseitig. Er hat das Konditionstraining vergessen. So hat er keine Ausdauer, keine Kraft und ist ganz unbeweglich. Sein Körper hält das regelmäßige Training mit intensiven Belastungsphasen nicht durch.

WAS MAN UNTER KONDITION VERSTEHT

Im Sport bezeichnet man mit dem Begriff *Kondition* vor allem die körperlichen Fähigkeiten. Deine Kondition entscheidet darüber, wie ausdauernd und schnell du bist, wie viel Kraft du hast und welche Belastung du verträgst. Ob deine Kondition gut ist oder nicht, merkst du zum Beispiel daran, wie schnell du nach einem kurzen Sprint außer Puste bist, wie lange du eine sportliche Belastung durchhältst, ohne dass alle Glieder schmerzen, wie kraftvoll du sprintest, springst und wie beweglich du bist.

Gute Kondition erhältst du durch regelmäßiges Handballtraining. Du kannst sie aber auch durch die zusätzliche Ausübung vieler Sportarten erwerben und verbessern.

DIE KONDITIONELLEN FÄHIGKEITEN

Die wichtigsten *konditionellen Fähigkeiten*, die der Handballspieler benötigt, um rundherum in einer guten Verfassung zu sein, wollen wir jetzt ein wenig genauer erläutern. Dazu gehören:

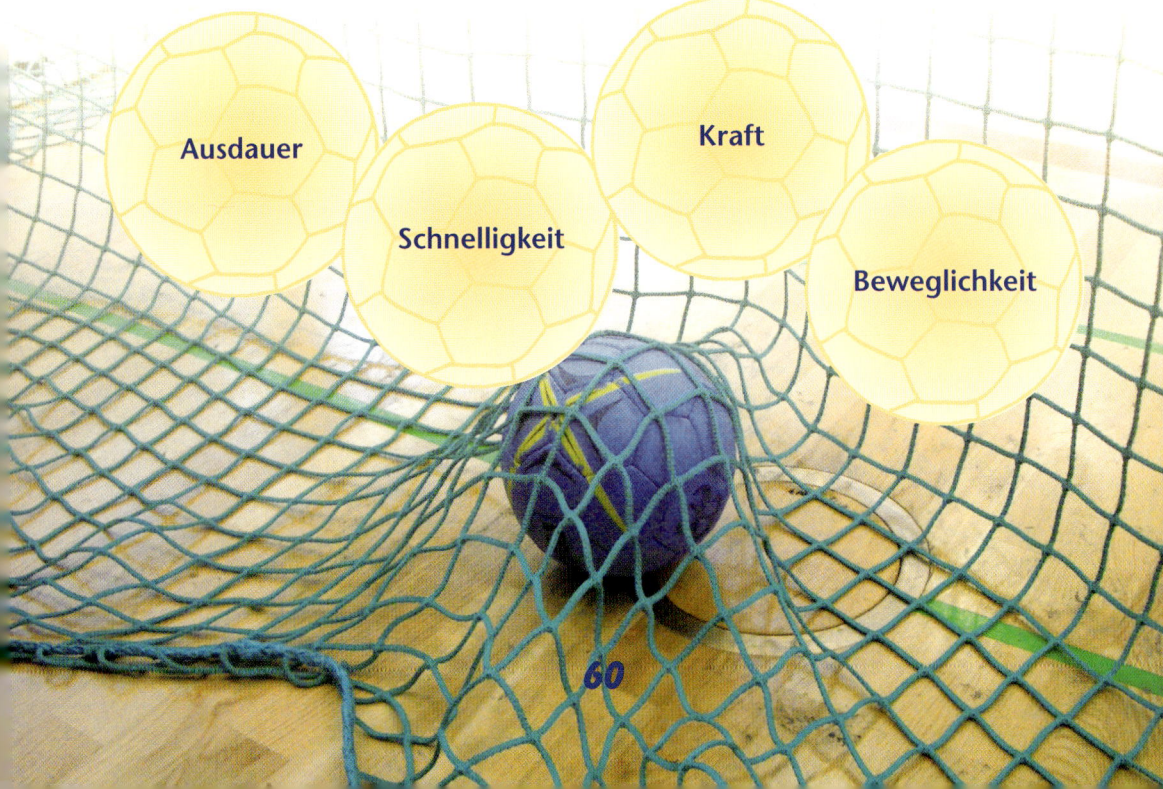

Ausdauer

Ausdauer ist die Leistungsvoraussetzung, die man benötigt, um lang andauernde Belastungen zu bewältigen. Dazu gehört, dass du bei anstrengendem Training, einem Spiel, einem Turniertag oder auch z. B. bei Reisen zum Wettkampfort nicht zu schnell ermüdest. Dein Körper sollte in der Lage sein, sich nach größeren Anstrengungen schnell wieder zu erholen. Dies nennt man *regenerieren*.

Wer also eine gute Ausdauer hat, ist körperlich fit, erholt sich nach Training und Turnier schneller und kann sich länger konzentrieren. Handball ist ein Sportspiel und zählt damit nicht unbedingt zu den Ausdauersportarten. Doch ein Handballspieler braucht eine gute Ausdauer, damit er das Spiel in guter Konzentration und bester körperlicher Verfassung bestreiten kann, ohne vor Erschöpfung immer schwächer zu werden. Du kannst immer schnell von Angriff auf Abwehr umschalten, jeden Zweikampf 100 % bestreiten und auch den letzten Sprungwurf im Spiel noch mit vollem Einsatz ausführen.

Wie kannst du die Ausdauer trainieren?

Wenn du im Training richtig mitmachst und dich anstrengst, absolvierst du schon ein gutes und wichtiges Ausdauertraining. Daneben eignen sich sehr viele Sportarten, die du zusätzlich allein oder mit Freunden ausführen kannst.

Die Grundlagenausdauer wird vor allem durch Dauerläufe ausgebildet. Du solltest mindestens 20 Minuten 2-3 x in der Woche zum Laufen gehen. Auch Schwimmen, Radfahren, schnelles Walken, Inlineskaten oder Skifahren eignen sich hervorragend. Mit Freunden kannst du Fußball, Volleyball (auch am Strand), Basketball spielen ... oder wie wäre es mit Dance aller Arten?

Kraft

Kraft wird benötigt, wenn etwas Schweres bewegt werden soll, wie beim Heben, Stoßen, Ziehen oder Schieben von Gewichten. Ohne Kraft kann man Bewegungen, besonders sportliche Bewegungen, nicht ausführen. Kraft brauchst du auch, um deinen Körper oder Körperteile in einer bestimmten Position zu halten, ihn schnellstmöglich zu bewegen oder die Bewegung abzubremsen. Als Handballspieler brauchst du viel Kraft in den Beinen für die Sprints, die Sprünge und in den Armen für die Würfe. Ein gestärkter Rumpf ist wichtig, um Zweikämpfe in Abwehr und Angriff zu gewinnen und die speziellen Belastungen besser auszuhalten.

Im Sport gibt es verschiedene Gruppen, in die sich Kraft einteilen lässt:

Maximalkraft: Die größtmögliche Kraft, die du aufbringen kannst *(Gewichtheben, Training mit Gewichten, ...)*.

Schnellkraft: Du kannst die Kraft so schnell wie möglich umsetzen *(Ballweitwurf, Kugelstoßen, Hochspringen, ...)*.

Kraftausdauer: Du kannst den Kraftaufwand über einen längeren Zeitraum durchhalten *(Liegestütze, Situps, Mountainbiking, Ski alpin...)*.

Wie kannst du die Kraft trainieren?

Bestimmt hast du schon die vielen Geräte in den Fitnessstudios gesehen, an denen die Sportler ihre Muskeln stählen. Du solltest dich aber besser mit dem Gummiband, mit einfachen Gewichten, auf dem Pezziball und vor allem mit deinem eigenen Körpergewicht gut in Form bringen.

Es gibt vielfältige Übungen, die du auch daheim ausführen kannst: Liegestütze, Situps, Treppenlaufen, Treppenspringen, Hochsprünge, ...

Schnelligkeit

Schnelligkeit ist die Fähigkeit, die du brauchst, um eine Bewegung mit bestmöglicher Beschleunigung und Geschwindigkeit auszuführen. Dabei ist die schnellstmögliche Muskelreaktion (Zusammenziehen der Muskeln) entscheidend. Ein Handballspiel „lebt" von schnellen Sprints, plötzlichen Drehungen und überraschenden Ballabgaben. Ist die Situation günstig, dann will der Spieler sofort blitzschnell reagieren. Wer zu langsam ist und immer wieder zu spät reagiert, verliert meistens seine Zweikämpfe, ist ein unzuverlässiger Anspielpartner und kann nicht torgefährlich sein.

Der Handballspieler braucht z. B.:

Aktionsschnelligkeit: Du kannst die Bewegung oder die notwendige Technik so schnell wie möglich ausführen.
Reaktionsschnelligkeit: Als Spieler musst du jederzeit auf neue, unerwartete Spielsituationen und überraschende Aktionen des Gegners reagieren können.
Handlungsschnelligkeit: Hast du eine Situation erkannt, musst du dich schnell für eine Handlung entscheiden und entsprechend reagieren.

Wie kannst du die Schnelligkeit trainieren?

Auch hier gilt wieder: Das beste Schnelligkeitstraining ist das Handballspiel selbst. Absolviere deshalb kein Zeitlupentraining, sondern, sobald du den Bewegungsablauf der Technik beherrschst, übe mit vollem Tempo.

Außerhalb des Handballfeldes sind auch alle anderen Ballspiele, Staffelspiele und Fangspiele gut geeignet, bei denen du dich schnell bewegst und blitzartig reagieren musst. Aber auch mit Sprints (auch auf dem Fahrrad), mit schnellen Seilsprüngen oder Reaktionsspielen kannst du deine Schnelligkeit trainieren und verbessern.

ÜBUNGEN FÜR EINEN KRÄFTIGEN RÜCKEN

Die speziellen Bewegungen im Handball, wie das Sprinten, das Abstoppen, das Hochspringen und das Landen, erfordern eine kräftige Muskulatur, die das alles mitmacht. Vor allem brauchst du eine kräftige Rücken- und Bauchmuskulatur, um körperliche Schädigungen zu verhindern!

Tu etwas für einen starken und gesunden Rücken!

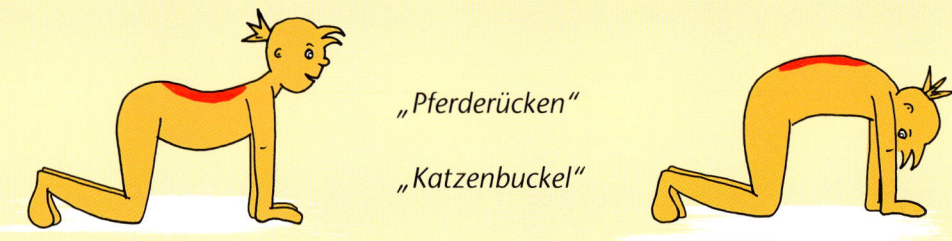

„Pferderücken"

„Katzenbuckel"

Du liegst auf dem Rücken und hebst dein Becken nach oben. Brustkorb, Bauch, Oberschenkel und Knie bilden eine gerade Linie.

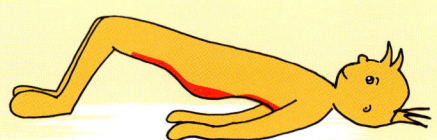

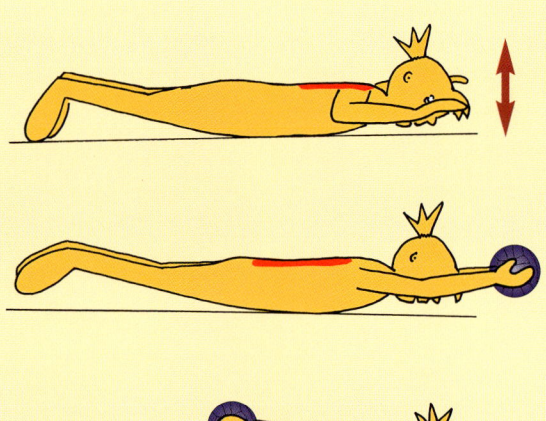

Lege dich flach auf den Bauch, winkle die Arme an und hebe Arme und Kopf leicht vom Boden ab. Der Blick bleibt auf den Boden gerichtet (3 x 10 Sekunden)!

Halte einen Ball in den gestreckten Armen. Arme und Beine lösen sich vom Boden (3 x 10 Sekunden). Drücke dabei die Beine zusammen.

Halte den Ball über dem Po. Übergib ihn von der einen Hand in die andere (3 x 10 Wiederholungen).

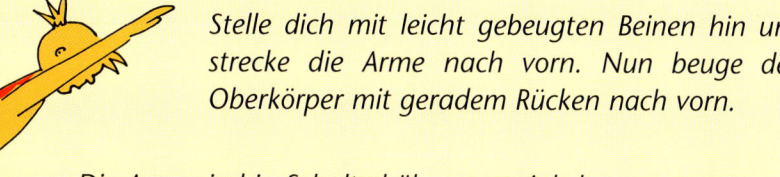

Stelle dich mit leicht gebeugten Beinen hin und strecke die Arme nach vorn. Nun beuge den Oberkörper mit geradem Rücken nach vorn.

Die Arme sind in Schulterhöhe angewinkelt. Versuche nun, die Schulterblätter zusammenzudrücken.

Probiere aus:
Stelle dich bei dieser Übung an eine Wand. Durch das Zusammenziehen der Schulterblätter hebt sich der Rücken von der Wand ab.

STÄRKUNG DER BAUCHMUSKULATUR

Wer seine Rückenmuskulatur stärkt, darf niemals die Stärkung der Bauchmuskulatur (des Gegenspielers) vergessen. Diese Muskelgruppen (Rücken- und Bauchmuskulatur) müssen so trainiert werden, dass sie im Gleichgewicht bleiben!

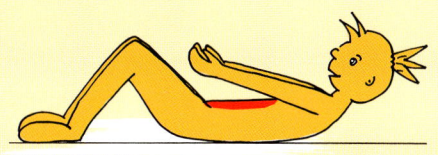

Lege dich auf den Rücken, deine Beine sind angewinkelt. Der Rücken ist fest auf dem Boden. Nun versuche, leicht den Oberkörper nach oben zu ziehen.

Lege nun die Beine auf einen Hocker oder eine andere Erhöhung (jeweils 3 x 20 Wiederholungen).

Führe deinen rechten Ellbogen zum linken Knie und dann deinen linken Ellbogen zum rechten Knie. So trainierst du auch die schrägen Bauchmuskeln.

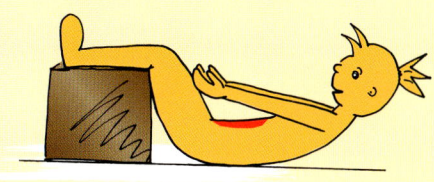

Übungen zur Stärkung der Rumpfmuskulatur sollten zum regelmäßigen Trainingsprogramm gehören.

SPRUNGÜBUNGEN

Wie wichtig eine gute Sprungkraft für dich als Handballspieler ist, müssen wir dir bestimmt nicht noch einmal erklären. Hier findest du einige Übungen, die du zur Stärkung deiner Sprungkraft anwenden kannst.

Hochsprünge

Stelle dich auf den ganzen Fußsohlen an eine Wand. Strecke die Arme, so hoch du kannst und markiere diese Reichhöhe mit Klebestreifen oder Kreide. Jetzt springst du mit beiden Beinen so kräftig nach oben ab, wie du kannst (maximale Höhe). Markiere die Sprunghöhe an der höchsten Stelle, die du mit beiden Händen erreichst. (Wenn du allein übst, dann nimm ein Stück Kreide in die Hand o. Ä. und markiere beim Sprung. Vorsicht mit der guten Tapete im Wohnzimmer oder mit der weißen Mauer beim Nachbarn!) Die Differenz zwischen Reichhöhe und Sprunghöhe ist die Sprungleistung. Nun führe diese Sprunghöhenmessung mit Einbeinsprüngen aus.

Treppenspringen

In der Ausgangsstellung zeigt das Gesicht zur Treppe, die Füße stehen nebeneinander und die Arme sind an der Seite leicht angewinkelt. Nun springst du so schnell wie möglich die Stufen hinauf. Immer nur kurz auf jeder Stufe bleiben! Bei dieser Übung kommt es auf Schnelligkeit und Leichtfüßigkeit an.

Beidbeinige Sprünge

Diese Sprungübungen verbessern die Explosivkraft der Bein- und Hüftmuskulatur, aber auch etwas die Arm- und Schultermuskulatur. Aus der leichten Kniebeugestellung springst du mit kräftigem Armschwung so hoch und weit wie möglich. Nach der Landung wird sofort wieder abgesprungen. Führe so maximal 3-4 Sprünge aus.

Zur besseren Entlastung sollten die Sprünge auf einer weichen Unterlage (z. B. Mattenbahn) ausgeführt werden.

Beweglichkeit

Man spricht hierbei auch oft von *Gelenkigkeit*. Diese zeigt sich darin, wie weit der Sportler seine Gelenke beugen und strecken kann, wie weit seine Sehnen, Muskeln und Bänder eine Bewegung zulassen. Natürlich hat das auch etwas mit dem Alter und dem Körperbau, mit deiner Kraft, deinen Koordinationsfähigkeiten und der Elastizität deiner Sehnen zu tun. Aber es ist vor allem eine Sache des Trainings.

Ein Handballspieler muss seine Beweglichkeit beibehalten und immer wieder trainieren. Sie ist unbedingt notwendig für die gute Ausführung der Sprünge, der tiefen Körperstellung bei Zweikämpfen und bei allen Würfen. Eine gute Beweglichkeit beugt schmerzhaften Verletzungen vor und nach der Dehnung regenerieren wir besser.

Wie kannst du die Beweglichkeit trainieren?

Es gibt zahlreiche Übungen, um die Beweglichkeit aller Gelenke vom Kopf bis zu den Zehen zu erhöhen. Einige davon findest du auch hier im Buch.

Bevor du nun aber deine Beweglichkeit vorführst und mit den Übungen beginnst, vergiss das Aufwärmen nicht. Kalte Muskeln und Sehnen sind bei so großer Dehnung verletzungsgefährdet.

ÜBUNGEN ZUR BEWEGLICHKEIT

Vergiss nicht: Erst nach einer Erwärmung mit den Übungen starten! Vor dem Training solltest du nur „andehnen" und nach dem Training intensiver dehnen.

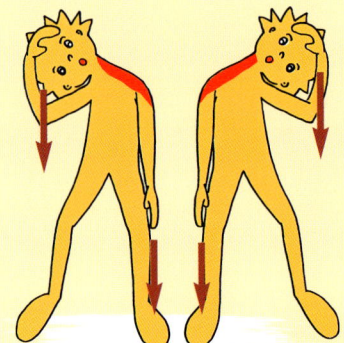

Dehnung der Nackenmuskulatur
Du stehst im leichten Grätschstand und legst den Kopf zur Seite. Die eine Hand verstärkt den Druck am Kopf und die andere Hand zieht in Richtung Boden. Danach wird gewechselt.

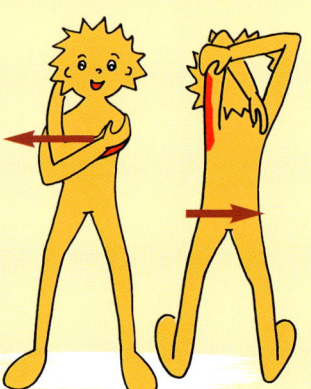

Dehnung der Schulter-, Rücken- und Armmuskulatur
- Umfasse mit der freien Hand die Schulter oder auch den Ellbogen und ziehe den Arm weit nach hinten.
- Bei der zweiten Übung ist der Arm hinter dem Kopf und du ziehst am Ellbogen Richtung Boden.

Dehnung der Brust-, Rücken- und Schultermuskulatur
Der Oberkörper wird nach vorn geneigt und die Hände werden auf einem Geländer, auf einer Stuhllehne oder einem Tisch abgelegt. Nun drücke den Oberkörper nach unten.

Dehnung des Rückens
Setze dich auf die Unterschenkel. Die Füße sind gestreckt. Nun strecke die Arme weit nach vorn und entspanne dich.

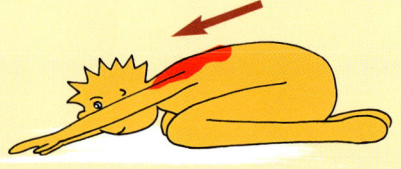

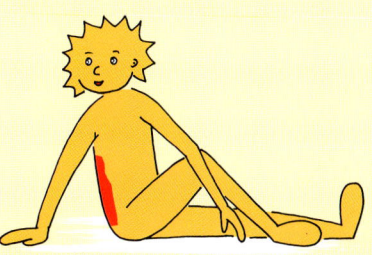

Dehnung des unteren Rückens
Du sitzt und winkelst das rechte Bein an, das linke Bein ist gestreckt. Der linke Arm drückt leicht von außen gegen das angewinkelte Bein. Oberkörper und Kopf drehen dabei langsam nach rechts. Die Seiten wechseln!

Dehnung der hinteren Oberschenkelmuskulatur
Lege dich auf den Rücken, umfasse das gestreckte Bein mit beiden Händen und ziehe das Knie in Richtung Brust. Das andere Bein bleibt auch gestreckt. Nun ziehe beide Fußspitzen an.

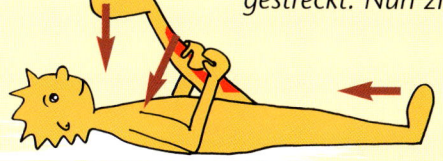

Dehnung der Hüftmuskulatur
Du sitzt aufrecht, die Fußsohlen sind zusammen und dicht am Körper. Lege die Knie langsam nach außen. Nun drücke mit den Ellbogen von innen die Knie weiter nach außen.

Dehnung des vorderen Oberschenkels
Stelle dich aufrecht hin und beuge ein Bein nach hinten. Nun ziehe leicht am Knöchel. Die Hüfte bleibt unbedingt gestreckt und die Knie zusammen. Um die Balance nicht zu verlieren, kannst du dich auch mit einer Hand an der Wand festhalten.

Halte jede Dehnposition mindestens 10 Sekunden. Denke daran: Es sollte ziehen, darf aber nicht schmerzen. Nach längerer Übungszeit wirst du feststellen, dass es immer besser geht. Viele weitere Übungen findest du in den verschiedensten Büchern und Sportzeitschriften.

AUFWÄRMEN – DEHNEN – LOCKERN

Gleichgültig, ob du mit dem Lauftraining oder dem zusätzlichen Ausgleichstraining beginnst, Übungen daheim ausführen willst oder ein Spiel stattfindet – diese Regel gilt immer! Es ist wichtig, dass du deinen Körper auf die bevorstehende Belastung einstellst. Nach einem Schultag oder einem erholsamen Schlaf sind deine Muskeln noch relativ kalt und steif, auch deine Atmung und dein Puls sind noch auf „Normalbetrieb". Langsam wird alles auf das Training und das Spiel vorbereitet. Wenn es dann losgeht, ist dein „Motor schon heiß" und du kannst gezielt und locker einwirken.

AUFWÄRMEN

Wie es das Wort schon sagt – man macht sich warm! Durch vielfältige Übungen werden deine Muskeln aktiviert, besser durchblutet und leistungsbereiter gemacht. Ein Zeichen dafür ist Lockerheit, Beweglichkeit, eine leichte Rötung der Haut und Schweißbildung. So wird Verletzungen, wie zum Beispiel einer Zerrung, vorgebeugt.

Für das Aufwärmen sind alle Bewegungen gut, die dich in Schwung bringen: Laufen in verschiedenen Formen, leichte Sprünge, Gymnastik, Ballspiele – auch leichtes Einlaufen und lockeres Zuspielen des Balls mit deinen Mannschaftskameraden.

Mit dem Aufwärmen fangen alle Trainingsstunden an. Das gilt auch für Übungen zu Hause oder wenn du zu spät zum Training kommst. Einige Runden laufen, verschiedene Sprungläufe oder Seilspringen kannst du auch allein.

Muskeldehnung

Die Beweglichkeit wird vor allem durch die Muskeldehnung verbessert. Es kann nicht nur ein einzelner Muskel gekräftigt werden, sondern wir müssen auch immer den Antagonisten, den „Gegenspieler", beachten.

Auf der Abbildung siehst du den „Muskelmann" mit gebeugtem Arm. Für die Beugung ist der Beuger, der *Bizeps*, zuständig. Das ist der Muskel, der angespannt wird, wenn du jemandem deine „Muckies" zeigen willst. Für die Streckung des Arms ist der Strecker, der *Trizeps*, zuständig.

Spüre deine Muskeln! Drückst du mit der Hand auf eine Tischplatte, ist der Trizeps hart, weil er den Arm im Ellbogen strecken will. Der Bizeps ist weich, weil er locker lässt und nachgibt. Drückst du von unten gegen die Tischplatte, ist der Bizeps hart und der Trizeps ist weich.

Lockerung

Obwohl du dich ausreichend erwärmt und gedehnt hast, sind die Muskeln nach einem anstrengenden Training oft hart und verspannt. Nun ist es nach der abschließenden Dehnung notwendig, sie zu lockern. Meistens macht man solche Übungen schon automatisch. Du schüttelst Arme, Beine, Hände aus und bewegst die Gelenke leicht in alle Richtungen. Auch leichtes Laufen (am besten barfuß) dient der Lockerung.

In dieser Vorbereitungszeit werden aber nicht nur deine Muskeln erwärmt und dein ganzer Körper in Schwung gebracht, sondern auch dein Kopf stellt sich auf die bevorstehende Anstrengung ein. Dabei schüttelst du alle Sorgen und Probleme ab.

ZIELNORM WEIBLICH

Altersklasse	11	12	13	14	15	16
12-min-Lauf Coopertest (in m)	2.250	2.300	2.450	2.600	2.700	2.800
30-m-Lauf (in s)	5,1	5,0	4,8	4,7	4,6	4,5
30-m-Sprint mit Dribbling (in s)	5,5	5,4	5,3	4,9	4,8	4,65
30 m Slalomdribbling (in s)	8,8	8,2	7,8	7,4	7,2	7,0
Handballweitwurf in m	25	27,5	30	35	37	40
Sprunghöhe aus dem Stand	38	45	52	55	60	67
Sternlauf (in m)	38,4	37	35,5	36	34,5	33
200 m Pendellauf in der Halle (in s) (20-40-40-40-40-20)	45	43,5	42	40,5	39	37,5
Medizinballweitwurf 1 kg Kniestand – re/li (in m)	3	4	5	6	7	8
Medizinballweitwurf 2 kg stehend beidhändig (in m)	5	6	7	8	9	10

ZIELNORM MÄNNLICH

Altersklasse	11	12	13	14	15	16
12-min-Lauf Coopertest (in m)	2.450	2.600	2.650	2.900	3.100	3.200
30-m-Lauf (in s)	5	4,8	4,6	4,4	4,3	4,2
30-m-Sprint mit Dribbling (in s)	5,4	5,2	5,1	4,6	4,4	4,3
30 m Slalomdribbling (in s)	8,5	8,1	7,6	7	6,7	6,5
Handballweitwurf in m	29	34	37	45	48	50
Sprunghöhe aus dem Stand	41	48	60	70	78	87
Sternlauf (in m)	38,5	36,5	34,5	33	32	31
200 m Pendellauf in der Halle (in s) (20-40-40-40-40-20)	43,5	42	40,5	39	37,5	36
Medizinballweitwurf 1 kg Kniestand – re/li (in m)	4	6	8	10	12	14
Medizinballweitwurf 2 kg stehend beidhändig (in m)	3	5	7	9	13	15

KONTROLLE DER EIGENEN LEISTUNG

Auf den beiden vorherigen Seiten haben wir ausgewählte konditionelle Tests für Handballspieler mit Zielnorm für die jeweilige Altersklasse aufgeschrieben. Vergleiche die Zahlen mit deinen eigenen Ergebnissen. Habt ihr andere Tests, dann frage deinen Trainer nach den aktuellen Tabellen und Zielnormen für dein Alter.

Die Testergebnisse lassen sich in einem Diagramm darstellen. Sicher kennst du die Art der Darstellung schon aus dem Mathematik- oder Physikunterricht. Kommst du nicht gleich klar, dann lass dir helfen! Am besten, ihr macht es gemeinsam in der Trainingsgruppe.

Nimm ein kariertes Heft (noch besser wäre Millimeterpapier) und zeichne Diagramme. Die Einteilung der x-Achse für die Zeit kann auch Wochen oder Monate sein. Die Einteilung der y-Achse ist abhängig von der Disziplin, die du eintragen willst, z. B. Sekunden beim Sprint oder Minuten beim Laufen sowie die Anzahl der Wiederholungen.

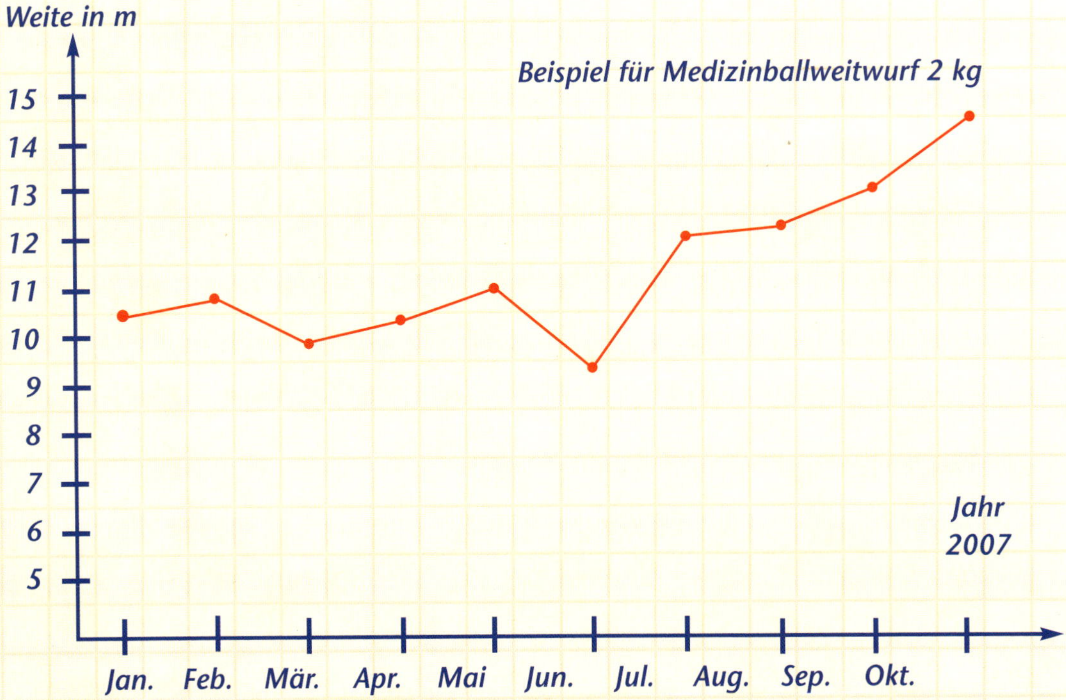

Beispiel für Medizinballweitwurf 2 kg

Jahr 2007

7 KOORDINATION UND TECHNIK

Du erkennst schnell eine Spielsituation und triffst auch die richtige Entscheidung. Super, aber was nutzt es deiner Mannschaft, wenn du dann ungenau abspielst, jeder die Täuschung durchschaut oder der Torwurf zu hoch ist? Erst die richtige und korrekt ausgeführte Technik bringt den Torerfolg!

Hast du schon einmal versucht, mit fünf Keulen oder Bällen zu jonglieren? Einige Artisten verwenden brennende Fackeln oder scharfe Messer, sie balancieren damit und fahren Rad dabei. Das schafften auch die tollsten Artisten sicher nicht schon, als sie in der Babywiege lagen. Für solche Fertigkeiten muss man lange und intensiv trainieren, bis man sie perfekt beherrscht.

Auch ein guter Handballspieler braucht sehr viele Jahre, um die Spieltechniken zu beherrschen. Sie werden immer mehr perfektioniert und variiert. Das geschieht auf jeden Fall durch regelmäßiges Training und Spielen.

Im weiteren Training kommen immer neue Techniken hinzu und bekannte Techniken wirst du immer mehr verfeinern.

DIE BEWEGUNGEN LAUFEN IM SPIEL AUTOMATISIERT AB

Wenn du im anstrengenden Spiel deine ganze Kraft brauchst, dich auf deine Aufgaben konzentrierst, den Spielverlauf verfolgst und beim knappen Torestand die Spannung steigt, kannst du nicht mehr darüber nachdenken, welches Bein vorn steht, wie die Handstellung ist und wie der Armschwung funktioniert. Das muss dann alles automatisch ablaufen.

Die Technik muss so lange geübt werden, bis sie perfekt klappt. Auf vielfältige Art wirst du im Training die Techniken und die Bewegungsabläufe immer wieder üben – so lange, bis du nicht mehr an jeden einzelnen Schritt denken musst. Stell dir vor, du müsstest dir vor jeder Aktion die Bewegungen überlegen.

DAS TECHNIKTRAINING

Wenn du eine neue Technik lernst, erfolgt ihre Einführung meistens mit einer Erklärung und der Demonstration durch den Trainer. Er erläutert dir den Bewegungsablauf, sagt, worauf du besonders achten und welche Fehler du vermeiden musst.

Wie auch in der Schule, gibt es für das Lernen verschiedene Methoden. So, wie die Menschen unterschiedlich sind, haben sie auch verschiedene Lernwege, sich etwas Neues einzuprägen. Der Trainer wird auf die verschiedenen Lerntypen eingehen und mit unterschiedlichen Methoden das Neue einführen. Oft ist es eine Mischung aus verschiedenen Lernwegen, die den Erfolg bringt.

Dazu zählen z. B.:

- Der Trainer erklärt die neue Technik.
- Der Trainer oder ein anderer Spieler macht die Technik vor.
- Die neue Technik wird auf Zeichnungen oder Bildreihen gezeigt.
- Mögliche Fehler werden mithilfe von Fehlerbildern besprochen.
- Es werden Videos angeschaut.
- Der Trainer lässt sich die neue Technik von den Sportlern beschreiben und erklären.
- Die Sportler fertigen Skizzen an.
- Die neue Technik wird selbst ausprobiert.
- Die Technik wird mit Kontrolle und Hinweisen, die der Trainer gibt, ausgeführt.
- Die Technik wird mit Kontrolle und Hinweisen durch deine Trainingskameraden ausgeführt.
- Die Spieler machen Trockenübungen ohne Ball.

Was bist du für ein Lerntyp? Kreuze die Trainingsmethoden an, die dir beim Erlernen einer neuen Technik am besten helfen. Probiere aus, welcher Weg für dich optimal ist!

DURCHHALTEN BRINGT ERFOLG

Natürlich bist du neugierig und es macht viel Spaß, eine neue Technik zu erlernen und auszuprobieren. Die Bewegungen sind am Anfang meist sehr ungenau, du zählst die Schritte mit und schaust nur, ob Arme und Beine alles richtig machen. Schnell merkst du die Fortschritte. Deine Bewegungen werden immer sicherer und schneller.

Doch langsam wird dir die Überei langweilig. Du spürst keine deutlichen Leistungsverbesserungen mehr und der Reiz des Neuen ist ebenfalls weg. Du denkst, es geht doch schon ganz gut mit dieser neuen Technik, wozu eigentlich noch weiterhin üben? Nun kommt der Zeitpunkt, wo du vielleicht keine Lust mehr hast. Jetzt heißt es „durchhalten!", sonst verlernst du wieder einiges und das ganze Üben zuvor war umsonst! Also, denke an das, was du dir vorgenommen hast und überwinde diesen „inneren Schweinehund"!

Weg zur Leistungssteigerung

Nach dem schnellen Fortschritt kommen jetzt viele Trainingstage, an denen du das Gefühl hast, dass sich gar nichts tut. Es ist wichtig zu wissen, dass diese Stufe kommt. Auf dem langen Weg zur perfekten Technik gibt

es immer Etappen des schnellen Vorwärtskommens und auch Etappen der mühsamen Schinderei. Wenn du also denkst, besser geht es nicht, das ist schon meine Leistungsgrenze und weiteres Üben ist zwecklos, dann mache weiter und du erlebst, dass es doch noch besser geht.

In diesem scheinbaren Stillstand bereitet sich dein Körper auf die nächste Stufe der Leistungsentwicklung vor. Er wird sozusagen innerlich auf die nächste Stufe umprogrammiert. Also, lass dich von einem scheinbaren Stillstand nicht zur Verzweiflung bringen. Das sind notwendige Durchgangsstadien. Hier heißt es: Durchhalten!

Manche Techniken erlernst du relativ schnell. Für andere braucht man viele, viele Trainingsstunden, sogar Jahre. Vertraue darauf, beharrliches und ausdauerndes Üben lohnt sich!

Tipps für das Techniktraining

- Aufmerksam zuhören und zuschauen, wenn die Technik erklärt, mit Bildern gezeigt und demonstriert wird!
- Die Technik noch einmal gedanklich nachvollziehen und sich mit geschlossenen Augen den Ablauf und die Bewegung intensiv vorstellen.
- Die Technik viele, viele Male im Training üben. Nach jeder Wiederholung sich selbst kontrollieren oder von anderen feststellen lassen, was noch verbessert werden muss.
- In Ruhe die Abbildungen noch einmal ansehen und die Beschreibungen genau durchgehen und mit den eigenen Bewegungen vergleichen. Es hilft, wenn man die Technik einem anderen beschreiben, erklären und zeigen kann.
- Kontrolliert und helft euch gegenseitig!

Wie ein Spieler üben muss, damit eine neue Technik perfekt klappt, ist bei jedem unterschiedlich. Aber viel üben müssen alle. Am Ende sollte die Technik schnell, genau und ohne Ablaufkontrolle, also automatisch, ausgeführt werden. Durch die vielen Wiederholungen werden dazu die Abläufe in deinem Gehirn „programmiert" und abgespeichert. Fast so, als ob du ein Computerprogramm lädst, das später wieder abgerufen wird.

Wenn du dich im Training nicht anstrengst, unkonzentriert und nachlässig den Ball spielst, dann werden die falschen Abläufe gespeichert. Wenn etwas Falsches automatisiert wurde, musst du es dir später mit viel Mühe wieder abgewöhnen und umlernen. Umlernen ist schwerer als Neulernen!

KONTROLLIEREN – BEWERTEN – VERBESSERN

Nichts Falsches lernen und automatisieren! Deshalb ist es notwendig, dass du den Ablauf einer neuen Technik kontrollierst, die Fehler erkennst und die Bewegung zunehmend schneller und genauer ausführst. Wie schnell das geht, hängt auch von deinen Zielen und deiner Motivation ab. Erinnerst du dich noch?

Der Trainer hat mit der Trainingsgruppe den Sprungwurf geübt und nun können es alle auf dem Spielfeld selbstständig üben. Jenny strengt sich sehr an. Der Trainer beobachtet sie und sagt dann: „Prima, Jenny, das machst du schon gut!" Jenny freut sich und übt weiter.

Einige Trainingseinheiten später schaut der Trainer wieder zu und meint: „Das sieht noch nicht gut aus! Der Arm ist zu sehr gebeugt und der Schwungbeineinsatz fehlt völlig!" Nun ist Jenny aber sauer! Sie hat es genauso gemacht wie letzte Woche! Da hat der Trainer sie gelobt und jetzt meckert er!

Du hast wahrscheinlich schon gemerkt, der Trainer hat in dieser Geschichte keinen Fehler gemacht. Er hat nur seine Bewertung der Situation und den Möglichkeiten angepasst. Der Sprungwurf von Jenny war am Anfang auf keinen Fall perfekt. Aber für das erste Mal schon recht gut. Später, nach vielen Wiederholungen, konnte man aber eine Verbesserung erwarten. Das nächste Teilziel müsste erreicht werden.

Auf dem Weg zur perfekten Technik erreichst du viele Teilziele und jeder kleine Fehler wird beachtet und korrigiert. Die Bewertung durch den Trainer ist am besten, da er über das Handballspielen am besten Bescheid weiß.

DER MUSKELSINN

Eltern und Lehrer sprechen oft von den *fünf Sinnen*, die du nutzen sollst, wenn du etwas Neues kennen lernst. Sie wollen dir damit sagen, höre gut zu, sieh genau hin, betaste die Oberfläche, rieche daran und probier, wie es schmeckt. Bestimmt hast du auch schon bemerkt, dass nicht immer alle Sinne gleichzeitig und gleich stark zum Einsatz kommen.

Welche Sinne für das Handballspiel wichtig sind

Schmecken kann man sicher beim Handballspiel nicht. Das Riechen ist eher ein Nebeneffekt, wenn das Turnier in der Halle schon etwas länger dauert. Dass man beim Spielen das Sehen benötigt, muss wohl nicht weiter erklärt werden. Aber Hören muss man beim Wettkampf auch: das Klatschen des Balls, den Rhythmus der Bewegung, die Zurufe der Spieler und die Anfeuerungsrufe der Zuschauer. Zum Sinnesorgan Ohr zählt jedoch auch der Gleichgewichtssinn. Den brauchst du, um bei allen Bewegungen die Balance zu halten.

Manche Leute sprechen sogar noch von einem sechsten Sinn. Die Handballspieler brauchen auch so einen sechsten Sinn für das Muskel- oder Bewegungsgefühl. Wir nennen ihn einfach „Muskelsinn". Dieser ist für das Erlernen und Beherrschen der Technik im Handball sehr wichtig. Im Spiel schaust du zum Ball, zu deinen Mitspielern und verfolgst die Aktionen deines Gegners. Du kannst nicht nachschauen, wie deine Füße stehen oder ob die Hände richtig ineinandergelegt sind. Das musst du „im Gefühl" haben. Und dieses „Gefühl" oder auch dieser „Muskelsinn" wird im Training erst durch fleißiges Üben ausgebildet.

DIE KOORDINATIVEN FÄHIGKEITEN

Was passiert eigentlich während eines einzigen Spielzugs? Du beobachtest den Ball, verfolgst die Bewegungen des Gegners, siehst, wo deine Mannschaftskameraden stehen, entscheidest, wie du auf deiner Position reagierst und mit wem du zusammenspielen könntest, läufst dich frei, fängst, prellst ... und dann versperrt dir der Gegenspieler die Wurfbahn! Nun schnell umstellen und richtig reagieren! Im Sport unterscheidet man verschiedene koordinative Fähigkeiten.

Kopplungsfähigkeit

Wie aus dem Wort schon erkennbar ist, werden Bewegungen aneinandergekoppelt. Es sind Bewegungen und taktische Abläufe, die im Spiel gleichzeitig oder unmittelbar nacheinander ablaufen.

Z. B.: Verbindung mehrerer Täuschungshandlungen, Ballannahme und -abgabe im Lauf oder Sprung, Ballannahme – Täuschung – Pass oder Ballannahme – Prellen – Täuschung – Torwurf.

Orientierungsfähigkeit

Ständig verändern sich deine Lage und die Positionen der Mitspieler auf dem Spielfeld. Der Ball kommt aus den unterschiedlichsten Richtungen. Wird der Ball zu dir gespielt oder geht er ins Aus? Du muss deine eigene Position und Körperhaltung immer wieder darauf abstimmen. So bist du in der Lage, in jeder Situation optimal zu reagieren.

Wo sind freie Räume und wie kann ich mich freilaufen? Wer steht günstig und wen kann ich anspielen? Wie stehen meine Mitspieler, wie steht die gegnerische Abwehr, wie der Torhüter? Ist ein Torwurf sinnvoll?

Anpassungs- und Umstellungsfähigkeit

Während des Spiels verändert sich die Situation ständig. Immer wieder willst du dich darauf einstellen. Die bekannte Technik und Taktik wird jedes Mal an die neue Situation angepasst, geplante Aktionen werden umgestellt, korrigiert oder ganz geändert.

Z. B.: Die Stellung der Abwehr hat sich geändert, ein Torwurf wäre möglich! Balleroberung nach Fehlpass der gegnerischen Mannschaft. Durchbruch ist nicht mehr möglich, also Pass zum Mitspieler.

Gleichgewichtsfähigkeit

Aufmerksam stehst du auf deiner Position und reagierst sicher in allen Spielsituationen. Immer wieder verlagerst du deinen Körperschwerpunkt. Nach Sprüngen, Drehungen und dem Hechten nach dem Ball solltest du schnell wieder dein Gleichgewicht herstellen.

Z. B.: Durchbruch antäuschen und dann schnell abdrehen; Ball im Sprung abfangen und schnell in die neue Position prellen.

Rhythmisierungsfähigkeit

Im Handball gibt es Bewegungen, die sich in einer bestimmten Abfolge immer wiederholen. Dabei kann man einen Rhythmus erkennen, der dir bei der Ausführung hilft – auch um Schrittfehler zu vermeiden!

Z. B.: Relativ langsamer Fintierschritt links – dann explosive Schritte nach rechts und vorn.

Reaktionsfähigkeit

Das ist die Fähigkeit, eine Situation zu erkennen und darauf schnell mit der richtigen Bewegung im passenden Tempo zu reagieren.

Z. B.: Du erkennst beim Wurf von außen, ob der Torhüter weit rauskommt oder ob er relativ nah am Tor bleibt. Du springst schnell ein, wenn sich dein Nebenspieler in der Abwehr falsch bewegt.

Differenzierungsfähigkeit

Ein Handballspieler braucht die Fähigkeit, Tempo, Kraftaufwand und Entfernungen richtig einschätzen zu können. Das ist notwendig für sinnvolle Bewegungen, präzise Würfe und erfolgreiche Täuschungen.

Wie hart kommt der Ball? Mit wie viel Kraftaufwand werfe ich den Ball wie weit? Wie hoch muss ich springen, um über den Abwehrspieler zu werfen?

ÜBUNGEN ZU DEN KOORDINATIVEN FÄHIGKEITEN

Im Rhythmus springen

- Springe im gleichmäßigen Rhythmus eine Linie entlang und drehe dich bei jedem Sprung um eine Vierteldrehung.
- Zeichne dir eine Schlangenlinie auf den Boden und versuche, diese beidbeinig und im gleichmäßigen Rhythmus entlangzuspringen.

Im Rhythmus prellen

- Prelle den Ball gleichmäßig auf den Boden.
- Prelle zwei Bälle (einen rechts, einen links) auf den Boden.
- Laufe dabei eine Linie entlang.

Spiel mit zwei Bällen

- Prellen mit zwei Bällen. Verwende zwei Bälle in unterschiedlicher Größe. Prelle den einen Ball schnell und den anderen gleichzeitig langsam.
- Spiele zwei Bälle nach oben. Verwende auch hier wieder verschiedene Bälle, bewege dich dabei usw.

TECHNIK UND KOORDINATION

Die Balance halten

- Stelle dich auf ein Bein – erst rechts, dann links. Nun schließe die Augen dabei!
- Stelle dich auf einen wackeligen oder weichen Untergrund. Das kann eine Matte, ein Kissen oder eine zusammengerollte Decke sein.
- Mit Störung: Kann dich ein Partner durch Necken, Ballzuwerfen oder Anstoßen aus der Balance bringen?

Prellen im Grätschsitz

Du sitzt im Grätschsitz und prellst vor dir den Ball. Während der Flugphase bewegst du abwechselnd das rechte und das linke Bein darunter nach innen und zurück.

Sprungkombinationen
- Übungen mit dem Springseil.
- In auf Boden gelegte Reifen springen (beidbeinig, einbeinig, abwechselnd rechts-links ...).

Ballübungen mit Partner

- Dir wird ein Ball zugeworfen. Du fängst diesen Ball und gleichzeitig wirfst du deinen eigenen Ball zurück.
- Du wirfst deinem Partner zwei Bälle gleichzeitig zu. Dieser fängt beide Bälle und spielt sie dann wieder zurück.
- Du wirfst deinen Ball nach oben. Inzwischen bekommst du einen Ball von deinem Partner zugespielt, den du fängst und schnell wieder zurückspielst. Schnell fängst du dann deinen nach oben gespielten Ball.

1 **Verbindungen**

Verbinde diese neun Punkte in einem Zug durch gerade, zusammenhängende Linien!

2 **Streichhölzer**

Durch Umlegen von nur drei Streichhölzern erhältst du drei gleich große Quadrate. Versuche es!

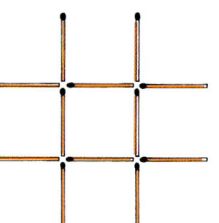

3 **Hast du genügend Vorstellungskraft?**

Es war einmal ein verliebtes Ballkäfermännchen, das auf einem Schleifenband entlanglief, um zu seiner Liebsten zu gelangen. Schafft er es oder wird er auf der Rückseite des Bandes ankommen?

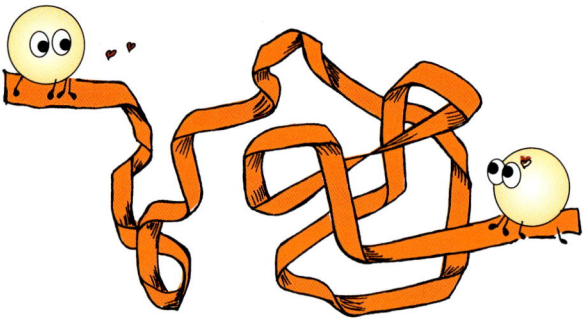

4 Welches ist das fehlende Stückchen in diesem Handball?

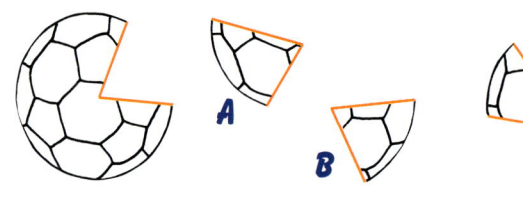
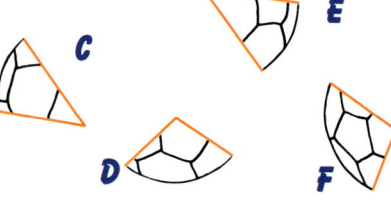

..........8 TAKTIK

WAS MAN UNTER TAKTIK VERSTEHT

Im Ursprung kommt der Begriff **Taktik** aus dem Militärwesen. Damit wurde die Art und Weise der Kampfführung, die Truppenaufstellung und der gezielte Einsatz der Waffen bezeichnet.

Im allgemeinen Sprachgebrauch wird mit Taktik das planvolle Vorgehen beschrieben, um ein bestimmtes Ziel zu erreichen. Dafür überlegst du dir, wie du allein, gemeinsam in der Gruppe oder Mannschaft, schrittweise vorgehen kannst und welche notwendigen Mittel eingesetzt werden.

Schau dir hier unser Beispiel aus dem Alltag an. Erkennst du dich wieder?

Max hat eine schlechte Schulnote bekommen und muss das irgendwie seiner Mutter gestehen. Er räumt zuerst sein Zimmer auf, danach bringt er den Müll weg und dann hilft er seiner Mutter beim Tischdecken. Wie nebenbei erzählt er ihr mit weicher Stimme und traurigem Blick von der fehlgeschlagenen Klassenarbeit. Ganz zufällig hat er diese auch gleich dabei und den Stift für die Unterschrift auch. Ein Glück, es gab nicht zu viel Ärger!

Na, kommt dir das bekannt vor? Es ist ja auch normal! Wenn man zum Erfolg kommen will, sucht man sich die günstigste Situation, wartet auf den richtigen Moment oder bereitet die Bitte nach mehr Taschengeld oder einer neuen CD etwas vor. Du gehst sozusagen taktisch vor.

TAKTIK IM HANDBALLSPIEL

Erinnerst du dich an dein erstes Spiel oder deine ersten Versuche zu spielen? Weißt du noch, wie ihr alle zum Ball gelaufen seid? Jeder wollte den Ball haben, niemand lief sich für ein Zuspiel frei und alle wollten immer nur mit dem Ball zum gegnerischen Tor prellen, um zu werfen. Ein Spiel kam eigentlich nicht zustande!

Aber du bist kein solcher Anfänger mehr, sondern du trainierst regelmäßig im Verein. Jetzt willst du richtig geordnet und gut mit deinen Mannschaftskameraden zusammenspielen. Also, weg vom wilden Haufen, hin zu einem taktisch geführten Spiel.

Du erlernst im Training, wie eine Handballtechnik richtig ausgeführt wird und welche Variationsmöglichkeiten es gibt. Dazu kommt nun die Taktik – also die Entscheidung, wann du im Spiel welche Technik einsetzt.

DER TAKTISCHE EINSATZ DER TECHNIKEN

Im Spiel stehen dir für Angriff und Abwehr viele unterschiedliche Techniken zur Verfügung. Immer wieder bist du gefordert, die Spielsituation zu erkennen und dich dann für die geeignetste Technik zu entscheiden.

Immer wieder steht die Frage im Mittelpunkt: Was soll ich machen? Z. B.: Abspiel oder Torwurf? Durchbruch oder zum mitlaufenden Mitspieler abspielen? Prellen oder Zuspielen? ... usw.

Wofür du dich entscheidest, richtet sich nach:

Der Spielsituation
Es werden schnell und sicher die Spielsituation, die Entfernung zum Tor und die Positionen der Spieler erfasst. Danach entscheidest du (oder im Zusammenspiel mit einem Mitspieler), welche Technik ausgeführt wird.

Wo sind die Mitspieler? Werde ich von der gegnerischen Abwehr bedrängt? Soll es ein Zuspiel oder ein Torwurf werden? usw.

Deinem eigenen Leistungsvermögen
Was du im Training oft und gut geübt hast, willst du natürlich auch im Spiel anwenden. Gehe aber kein Risiko ein und wende nur die Technik an, bei der du dich sicher fühlst.

Gelingt mir ein Torwurf aus dieser Entfernung? Zuspielen kann ich gut. Für ein Dribbling bin ich zu langsam! Bei diesem Gegenspieler schaffe ich den Durchbruch! usw.

Den Stärken und Schwächen deines Gegners
Findet die Schwächen des Gegners heraus und nutzt diese auch aus.

Dieser Spieler hat in der Abwehr immer die Arme unten, das nutze ich aus! Dieser Gegner lässt sich schwer umspielen, da spiele ich lieber ab! Wir erhöhen das Tempo, denn die gegnerische Mannschaft kann nicht mehr! Wir spielen über links, da sind ihre Schwächen!

TAKTIK – DER PLAN ZUM SIEG

Taktik ist das Vorgehen oder der Plan einer Mannschaft und die darin enthaltenen Aufgaben ihrer einzelnen Spieler, einen Gegner im Spiel möglichst zu besiegen. Wir unterscheiden zwischen der **Mannschaftstaktik**, **Gruppentaktik** und der **individuellen Taktik** der einzelnen Spieler auf bestimmten Positionen.

Individualtaktik

Damit ist das Vorgehen des einzelnen Spielers gemeint. Er versucht, z. B. in der 1:1-Situation allein, ohne Einbeziehung der Mitspieler, sein Ziel zu erreichen. Er entscheidet sich für Torwurf, Prellen, Durchbruch oder Prell-Gegenstoß.

Gruppentaktik

Bezieht der Spieler mindestens einen weiteren Mitspieler in seine Entscheidungen und Aktionen ein, spricht man von Gruppentaktik. Das geschieht z. B. beim Übergeben und Übernehmen von Angreifern, Doppelpässen, Abspielen oder Sperren.

Mannschaftstaktik

Für die Taktik einer gesamten Mannschaft ist es wichtig, dass alle Spieler auf ihren Positionen wissen, was sie in bestimmten Situationen zu tun haben. Ihr kennt die technischen und konditionellen Voraussetzungen eurer Mannschaft, wisst, wozu jeder Spieler in der Lage ist und wie gut das Zusammenspiel klappt. Darauf stimmt ihr gemeinsam mit dem Trainer eure Spieltaktik ab. Dazu kommt die Einschätzung der eigenen Stärken, Schwächen und die bevorzugte Spielweise des Gegners und die Überlegung, wie ihr am erfolgreichsten darauf reagiert.

> HU, HU, TRAINER, DAS WAR SO GEMEIN! DER GEGENSPIELER HAT MICH IMMER AUSGETRICKST. WENN ICH DACHTE, ER SPIELT LINKS VORBEI, GEHT ER RECHTS UND WENN ICH MICH AUF EIN ZUSPIEL EINGESTELLT HABE, DANN KAM EIN „KNALLER". DAS WAR SO UNFAIR!

EINE TECHNIK UND VIELE MÖGLICHKEITEN

Hast du dich für eine Technik entschieden (z. B. beim Torwurf heben, weil der Torwart zu weit rauskommt), kannst du noch wählen, wie du die Technik ausführst. Mit der Ausholbewegung und der Bewegungsgeschwindigkeit kannst du deine Technik variieren:

schnell – langsam, scharf – leicht, mit Täuschung.

Angriffstaktik

- Ein Angriffsplan ist nur erfolgreich, wenn er auch den technischen und konditionellen Fähigkeiten der Spieler entspricht.
- Führe vor allem die Technik aus, die du am besten beherrschst.
- Achte auch darauf, wozu dein Mitspieler in der Lage ist!
- Beachte die Stärken und Schwächen der gegnerischen Abwehr!
- Versuche, den Gegner zu täuschen!

WAS SOLL DENN DIESE HEULEREI?

DAS WAR NICHT UNFAIR, SONDERN TAKTISCHE TÄUSCHUNGEN. DIE SIND NACH DEN REGELN ERLAUBT UND DU SOLLTEST SIE AUCH ENDLICH ANWENDEN!

Verteidigungstaktik

- Die gute Verteidigung ist Voraussetzung für einen erfolgreichen Angriff.
- Die Abwehr kann nur erfolgreich sein, wenn Abwehrspieler und Torwart gut zusammenarbeiten.

Handlungen ohne Ball

- Wie kann ich mich anbieten/freilaufen?
- Die Gegenspieler beobachten, decken und Zuspiele stören.
- Wo kann ich der Verteidigung helfen?

WICHTIGE KENNTNISSE UND FÄHIGKEITEN

Ein Spieler muss ...

- ... wissen, wie die Handballtechniken ausgeführt werden und in welchen Situationen welche Techniken geeignet sind.

- ... Spielphasen und typische Spielsituationen erkennen können. Er braucht Kenntnisse zu Positionen und Aufgabenverteilung innerhalb der Mannschaft.

- ... seine eigenen Fähigkeiten ehrlich einschätzen können und wissen, wozu er wirklich in der Lage ist.

- ... Kenntnisse über Spielregeln und Wettkampforganisation besitzen.

Ein Spieler braucht ...

- ... ein gutes Wahrnehmungs- und Beobachtungsvermögen. Er erkennt die Spielsituation und die Positionen, Aktionen und Absichten der Spieler.

- ... die Fähigkeit, eine Situation schnell einzuschätzen und sofort die richtigen Entscheidungen zu treffen.

- ... ein gutes Gefühl für Timing.

- ... gute Nerven, um auch unter Druck nicht den Überblick zu verlieren!

Schätze deine eigenen Kenntnisse und Fähigkeiten ehrlich ein. Wo bist du gut und wobei hast du manchmal noch Probleme?

..... 9 ANGRIFFSTRAINING

EIN GUTER ANGRIFF BRINGT DEN TORERFOLG

Laufen, Prellen, Zuspiel, Durchbruch – und dann der erfolgreiche Torwurf!! Dafür braucht der Angreifer eine gute Technik und Taktik.

In den Kapiteln zur Taktik und zur Koordination/Technik gab es die „Theorie"! In diesem Kapitel geht es nun um die ganz konkrete Anwendung im Angriffsspiel!

Erfolgreiche Angriffe ...

- bringen den Torerfolg!
- geben der Mannschaft Sicherheit und Motivation.
- machen Spaß und schmieden die Mannschaft zusammen!
- ermöglichen es der Mannschaft, ihre Taktik durchzusetzen.

DIE VIER PHASEN DES ANGRIFFSSPIELS

1 Gegenstoß (Konter) 1. Welle

Im Moment, wo der Fehlwurf (z. B. neben das Tor) erfolgt, schaltet die Abwehr sofort auf Angriff um. Der Torhüter ist dabei der erste Angreifer! Er holt so schnell wie möglich den Ball und versucht, einen langen Pass auf die 1. Welle zu spielen. Das sind meistens die Außendeckungsspieler und der Kreisläufer der nun im Angriff spielenden Mannschaft.

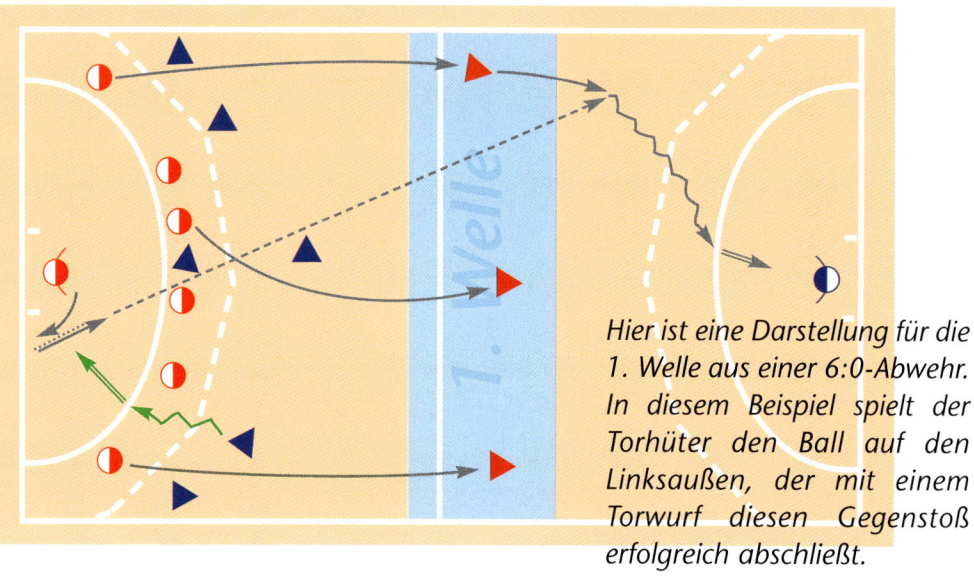

Hier ist eine Darstellung für die 1. Welle aus einer 6:0-Abwehr. In diesem Beispiel spielt der Torhüter den Ball auf den Linksaußen, der mit einem Torwurf diesen Gegenstoß erfolgreich abschließt.

Einige taktische Tipps für den Außenspieler

- Schalte schnell von Abwehr auf Angriff um. Dein Nebenspieler muss dabei zurückspringende Bälle sichern. (2. Welle)
- Laufe in leichtem Bogen in Richtung anderes Tor und schaue dich kurz vor der Mittellinie um, ob der Torhüter versucht, dich anzuspielen!
- Löse dich von Abwehrspielern, die dich verfolgen.
- Wenn du den Ball bekommst, so versuche, den Rest des Raums bis zum Wurfkreis mit möglichst wenig Prellschlägen schnell zu überwinden.
- „Schneide" dabei den Weg des dich verfolgenden Abwehrspielers.
- Springe nicht so nah am Wurfkreis ab.
- Beobachte beim Torwurf den Torhüter.

2 Erweiterter Gegenstoß (Konter) 2. Welle

Die 2. Welle bilden meistens die Abwehrspieler, die später im Angriff die Rückraumspieler sind. Das heißt, die gesamte Abwehrmannschaft läuft gestaffelt in den Angriff über. In diesem Beispiel kann der Torhüter nicht zur 1. Welle spielen. Hier spielt er den Ball zur 2. Welle auf hinten-links. Dieser spielt dann auf Linksaußen. Linksaußen spielt an den Kreis, der dann erfolgreich mit dem Torwurf abschließt.

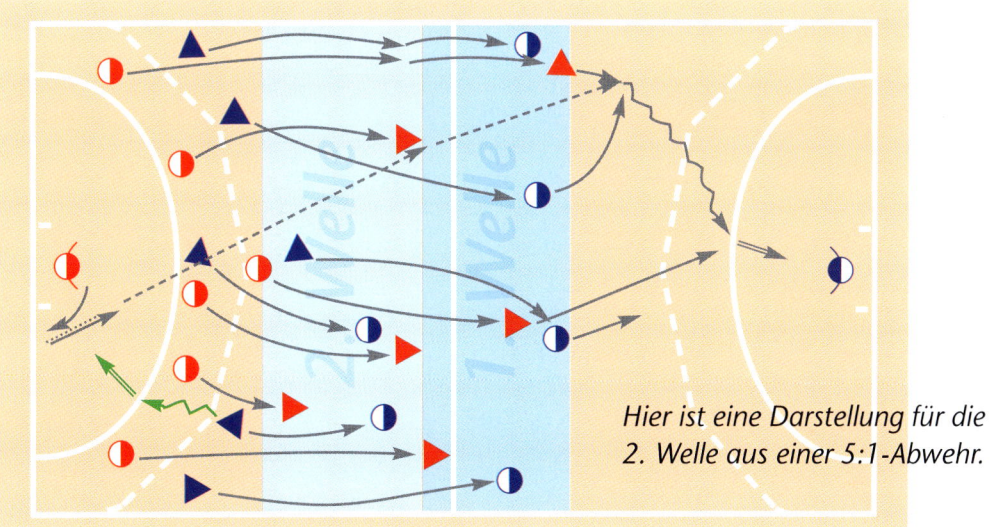

Hier ist eine Darstellung für die 2. Welle aus einer 5:1-Abwehr.

Einige taktische Tipps

- Lauft gestaffelt, aber trotzdem schnell aus der Abwehr.
- Laufe im Bogen, um bei etwa 11-12 m Blickkontakt zum eigenen Torhüter aufnehmen zu können. So kannst du erkennen, ob er dich anspielen will.
- Wenn du den Ball erhältst, dann spiele sofort (ohne Prellen!) zum nächsten oder zum weiter vorn freistehenden Spieler.
- Spiel den Ball dabei scharf und genau in die Bewegung deines Mitspielers.
- Dieser versucht, den Ball ebenfalls schnell weiterzuspielen, bis sich eine Wurfsituation ergibt.
- Prelle nur im Notfall oder wenn du selbst mit dem Ball den Durchbruch schaffen kannst.

3 Aufbauphase und Vorbereitung Angriffsabschluss

In dieser Phase soll der Angriffsabschluss vorbereitet werden. Die Spieler nehmen ihre Angriffsposition im besprochenen Angriffssystem ein. Nun versuchen sie, durch schnelle Zuspiele, Laufen in andere Positionen, Sperren und Kreuzen den Angriffsabschluss vorzubreiten. Diese Vorbereitung kann kreativ und improvisiert oder auch geplant durch eine Kombination oder Standardsituation stattfinden.

Einige taktische Tipps

- Habt ihr eure Angriffsposition eingenommen, dann versucht, ständig Druck auf die Abwehr auszuüben.
- Das erreicht ihr durch:
  - schnelle und genaue Zuspiele in die Bewegung (*Stoßen*) mit Blick- und Bewegungsrichtung zum Tor,
  - Freilaufen auf der eigenen Position (Parallelstoß),
  - Freilaufen auf anderen Positionen mit Positionswechseln,
  - Sperren und Kreuzen.
- Seid dabei kreativ und zugleich diszipliniert in eurer Spielkonzeption.
- Spielt gut miteinander, um die letzte Phase des Angriffs gut vorzubereiten.

4 Angriffsabschluss und Torwurf

In dieser Phase wird die vorbereitete individuelle Taktik, die Gruppen- oder Mannschaftstaktik für die Torwurfmöglichkeit genutzt.

Einige taktische Tipps

- Laufe aktiv und mutig zu deiner Torwurfchance. Gehe dabei auf die Lücke zwischen zwei Abwehrspielern oder in eine günstige Wurfposition in der Fernwurfzone.
- Dein Wurf soll scharf und präzise aus der Ferne (meistens hoch oder als Aufsetzer) oder clever und sicher aus der Nähe sein.
- Beobachte den Torhüter! Wie bewegt er sich?
- Verbessere vor allem von außen und vom Kreis deinen Wurfwinkel (d. h. springe in Richtung 4- oder 7-m-Linie)

- Springe bei Sprungwürfen, je nach Situation, hoch oder weit.
- Wirf bei Würfen vom Boden schnell und scharf.
- Gehe kompromisslos in den Zweikampf und schone dich nicht!
- Schneide dabei auch den Laufweg des Verteidigers und weiche nicht zu weit nach außen. Der Verteidiger muss zum 7-m-Foul provoziert werden!
- Wenn der Abwehrspieler versucht, dich durch ein Foul zu stellen, so kämpfe weiter! Kämpfe bis zur letzten Chance auf den Wurf!

INDIVIDUELLLE TECHNIKEN

Entscheidend für den Erfolg des Zusammenspiels in der Mannschaft sowie für den Erfolg der besprochenen Taktik ist die Technik der einzelnen Spieler.

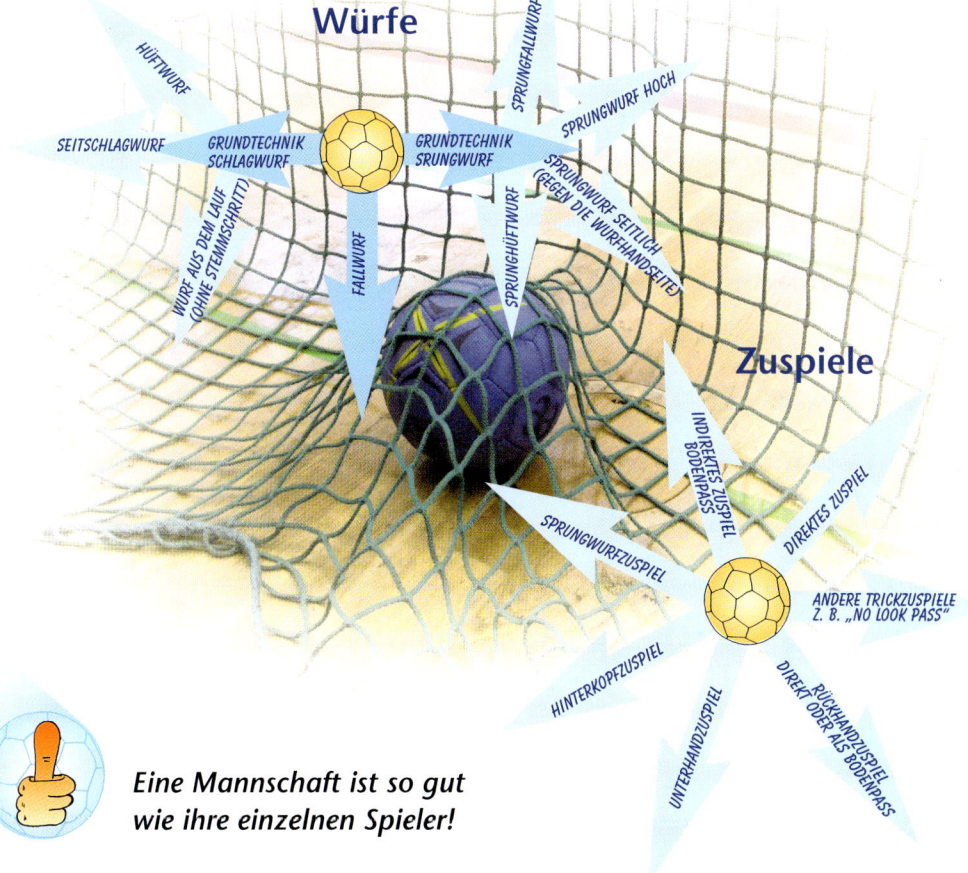

Eine Mannschaft ist so gut wie ihre einzelnen Spieler!

SCHLAGWURF

Als erste Wurftechnik für Zuspiel und Torwurf lernt ein Handballspieler den Schlagwurf. Wenn die Grundtechnik beherrscht wird, dann können Variationen trainiert werden.

In der Übersicht sind einige Variationsmöglichkeiten des Schlagwurfs aufgelistet. Dabei gibt es auch unterschiedliche Schwierigkeitsstufen.

Variationen im Anlauf
- Anlaufrichtung gerade, nach innen, nach außen,
- Schrittzahl: drei Schritte, zwei Schritte, manchmal nur ein Schritt.

Variationen bei der Wurfrichtung
- *Wurfarmseite,*
- *Wurfarmgegenseite und*
- *über den Kopf des Abwehrspielers.*

Variationen bei der Abwurfhöhe
- Über kopfhoch,
- kopfhoch und
- hüfthoch.

Variationen in der Spielposition
- *Rückraum-links,*
- *Rückraum-rechts und*
- *Mitte-Aufbau.*

Der Schlagwurf mit Stemmschritt

So wird's gemacht:

- Du läufst schräg zum Ziel und im Laufen wird der Ball gefangen.
- Während des Fangens führst du den Ball mit beiden Händen nach hinten.
- Der Oberkörper wird *verwrungen*, d. h., die rechte Schulter wird nach hinten geführt und die linke Schulter zeigt in Wurfrichtung.
- Zuerst stemmst du das linke Bein mit dem Fersenaufsatz kräftig ein.
- Etwa in Schulterhöhe löst sich die zweite Hand und die Wurfhand schwingt mit dem Ball nach hinten.
- Schlagartig wird der Ball nach vorn geworfen, indem der Wurfarm fast gestreckt über Kopfhöhe nach vorn geschwungen wird.
- Der Abwurfpunkt ist über und leicht vor dem Kopf.
- Beim Wurf ist die Handfläche hinter dem Ball.
- Schnell und kräftig schwingt der Wurfarm nach vorn.
- Die Hand klappt nach.
- Im Ausschwingen des Körpers geht der rechte Fuß über das linke Stemmbein.

> *Das Handgelenk bestimmt die Flugbahn!*
>
> *Die Hand klappt kräftig nach – der Wurf geht nach unten.*
> *Die Hand klappt seitlich nach – der Wurf geht gerade.*
> *Die Hand klappt von unten seitlich nach oben – der Wurf geht von unten nach oben. (Meist bei hüfthoch geworfenen Bällen!)*

Wurf aus dem Lauf

... das ist ein Überraschungswurf meist über den Kopf des Abwehrspielers. Sehr schnelle Schlagwürfe erfolgen aus dem Lauf ohne Stemmschritt. Dabei wird der Ball im Lauf gefangen und geworfen.

So wird's gemacht:

- Nach der Ballannahme erfolgt ein Linksschritt.
- Im Gegensatz zum „normalen" Schlagwurf wird die Ausholbewegung schon beim Linksschritt vorbereitet.
- Die Wurfbewegung wird beim nächsten Rechtsschritt (eigenlich beim „falschen" Bein) eingeleitet und über das rechte Bein abgeschlossen.

Achtung, Fehler!

Führe den letzten Schritt nicht zu groß aus, sonst wird die Abwurfhöhe zu tief!
Lass die Hand hinter dem Ball!

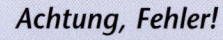

Seitschlagwurf

Der Schlagwurf sollte aus allen Anlaufrichtungen (gerade, innen, außen) beherrscht werden. Wenn der Gegenspieler sehr stark deine Wurfarmseite abschirmt, dann bietet sich der Schlagwurf zur Wurfarmgegenseite an.

So wird's gemacht:

- Um am Gegenspieler vorbeizuwerfen, musst du schon während der Ausholbewegung im Oberkörper zur Wurfarmgegenseite abknicken.
- Für eine noch bessere Neigung des Oberkörpers wird der Stemmschritt nicht nach vorn, sondern schräg zur Seite gesetzt.

Achtung, Fehler!

*Bleib nicht zu steif im Oberkörper.
Versuche eine schöne Neigung nach links, sonst kommst du nicht am Abwehrspieler vorbei.
Das aktive Nachklappen der Hand ist wichtig!*

Hüftwurf

Wenn du beobachtest, dass dein Gegenspieler die Arme ständig oben hat, versuchst du den Hüftwurf.

So wird's gemacht:

- Ballannahme und Schritte entsprechend der Wurfausführung des Schlagwurfs.
- Der Unterschied zum „normalen" Schlagwurf ist, dass schon während der Ausholbewegung der Wurfarm nach unten geführt wird.
- Abhängig von deiner Technikausführung liegt der Abwurfpunkt zwischen Schulter- und Hüfthöhe.
- Achte besonders auf den Stemmschritt, um eine bestmögliche Kraftübertragung zu erreichen.
- Es wird über das Stemmbein geworfen.
- Neige den Körper etwas zur Wurfarmseite.
- Entscheide dich bei geringer Wurfkraft lieber für einen Aufsetzer! Hast du mehr Kraft, dann zieh den Ball ruhig hoch!

Achtung, Fehler!

Geh nicht zu weit in die Knie.
Vergiss auch bei diesem Wurf nicht, mit dem linken Bein zu stemmen!

FALLWURF

Neben den Schlagwürfen sind auch die unterschiedlichen Formen des Fallwurfs von großer Bedeutung für einen Angreifer.

Die Vorteile des Fallwurfs:

- Mit dem Fall kann der Spieler den Wurf verzögern, die Reaktion des Torhüters abwarten, ihn täuschen und den Wurf noch variieren.
- Der Fall bringt den Werfer näher an das Tor heran.

Der *Drehfallwurf* ist ein typischer Kreisläuferwurf. Der Spieler steht mit dem Rücken zum Tor, nimmt den Pass an und versucht den Torwurf. Die Drehung kann zur Wurfarmseite oder gegen die Wurfarmseite ausgeführt werden.

So wird's gemacht:

- Das Körpergewicht wird verlagert und du fällst nach vorn, wobei die Knie gestreckt werden.
- Zum Wurf werden Wurfschulter und Wurfarm blitzartig nach vorn geführt und der Ball in Kopfhöhe abgeworfen.
- Zur Landung fängst du den Körper erst mit einer und dann mit beiden Händen ab.

> **Tipp!**
> Führe die Drehung nicht zu steif – sondern mit tiefem Körperschwerpunkt geschmeidig durch! Beobachte den Torhüter während des Wurfs.

SPRUNGWURF

Im Handball ist die wichtigste Technik für den Torwurf der Sprungwurf.

Der Sprungwurf hat viele Vorteile:

- Mit einem Sprung kann der Spieler den Wurf verzögern, die Reaktion des Torhüters abwarten, ihn täuschen und den Wurf noch variieren.
- Steht, wie z. B. bei Tempogegenstößen, zwischen dem Angreifer und dem Tor kein Gegner mehr, dann bietet sich **ein weiter Sprung** an. Mit einem weiten Sprung kann der Werfer ziemlich nah an das Tor herankommen oder von der Außenposition den Winkel deutlich verbessern.
- Mit einem **hohen Sprung** ist es dem Angreifer möglich, über die Abwehr des Gegners zu werfen.

Variationen im Anlauf
- *Anlaufrichtung gerade, nach innen, nach außen, parallel zur Freiwurflinie.*
- *Schrittzahl: ein Schritt, zwei Schritte, drei Schritte.*

Variationen bei der Wurfrichtung
- *Wurfarmseite und*
- *Wurfarmgegenseite mit Abknicken des Oberkörpers.*

Variationen bei der Wurfbewegung
- *Schnell/verzögert,*
- *Abwurfhöhe hüfthoch/über Kopfhöhe,*
- *Wurftäuschung/Passtäuschung sowie*
- *Wurf im aufsteigenden/im absteigenden Teil, am höchsten Punkt des Sprungs.*

Variationen in der Spielposition
- *Rückraum-links/Rückraum-rechts,*
- *Mitte-Aufbau,*
- *links-außen, rechts-außen und*
- *nach Gegenstoß.*

Sprungwurf hoch

So wird's gemacht:

- Du fängst den Ball und hältst den Ball mit beiden Händen in Brusthöhe.
- Nun beginnst du den Drei-Schritt-Anlauf: links – rechts – links (Rechtshänder).
- Beim Zurückführen des Balls springst du kräftig mit dem linken Bein (Rechtshänder) ab. Dabei wird zuerst die Ferse des linken Beins aufgesetzt und aktiv mit dem Fußgelenk gearbeitet. Das rechte Bein wird angewinkelt und zum Schwungholen genutzt.
- Der Wurf wird oberhalb der Hüfte genauso ausgeführt wie der Schlagwurf mit Stemmschritt.
- Die linke Schulter wird in Wurfrichtung geschoben.
- Möglichst am höchsten Punkt des Sprungs wirfst du den Ball.
- Nach dem Wurf landest du wieder auf dem Sprungbein und läufst aus.

Achtung, Fehler!

Absprung nicht kräftig genug!
Der Wurfarm ist zu sehr gebeugt!
Fehlende Körperverwringung beim Wurfaufbau!

Sprungwurf weit

... wird im Gegenstoß bzw. Konter genutzt. Die Technik ist wie beim Sprungwurf, nur geht der Sprung in die Weite, um näher an das Tor zu kommen und Zeit zu gewinnen.

Führe den Sprung nicht zu flach aus und komme nicht zu nahe an den Torhüter!

Sprungfallwurf

... ist meist ein Wurf vom Kreis, wenn man sich vom Abwehrspieler lösen möchte oder um den Torhüter zu umwerfen. Die Technik ist wie beim Fallwurf, erfolgt aber mit einem kräftigen Absprung aus der Drehung. Vor dem Wurf wird der Körper nahezu gestreckt.

Führe den Sprung nicht zu flach aus und strecke den Wurfarm!

Prellen

Mit dem Prellen ist es dem Angreifer möglich, mit Ball längere Strecken auf dem Spielfeld zu überwinden. Er kann so seine Position verändern und Folgehandlungen verzögern. Ist ein Zuspiel zu riskant, eine Manndeckung zu überwinden oder soll das Tempo aus dem Spiel genommen werden, dann bietet sich diese Ballführung an. Der Angreifer prellt auch, wenn er die Chance zum erfolgreichen Durchbruch sieht.

Variationen

- *Einmaliger Prellschlag (Tippen)/mehrmaliger Prellschlag,*
- *mit einer Hand/Wechsel der Hände und*
- *in unterschiedlicher Höhe (Knie-, Hüft-, Brusthöhe).*

So wird's gemacht:

- Die Bewegung erfolgt leicht aus dem Handgelenk und den Fingern heraus.
- Durch den Druck aus dem Handgelenk und aus dem Ellbogengelenk heraus wird der Ball nach unten gedrückt.
- Die Hand ist leicht gewölbt und passt sich so der Rundung des Balls an.
- Der Ball wird so stark nach schräg unten geprellt, dass er wieder in die Hand zurückspringt.
- Mit gespreizten Fingern wird der Ball elastisch abgebremst.
- Beim „Ansaugen" gibt der Unterarm nach und wird dann erneut nach unten gedrückt.

Achtung, Fehler!

Der Ball wird zu hart geschlagen.
Es wird mit flacher Hand geprellt, statt mit der leicht gwölbten Handinnenfläche den Ball weich zu führen.
Prellen mit dem gesamten Arm, statt nur aus dem Unterarm heraus.

Täuschungen

Durch Täuschungen (Finten) will der Angreifer die Abwehrhandlung des Abwehrspielers in eine falsche Richtung lenken. So kann es ihm gelingen, sich in die andere Richtung freizulaufen bzw. aufs Tor zu werfen.

Täuschungsbewegungen

Umspielen	Richtung	Folgehandlung
nach Körpertäuschung	rechts	Zuspiel
durch Abdrehen (Lauftäuschung)	links	Torwurf
nach Wurftäuschung		Prellen
nach Zuspieltäuschung		

Körpertäuschung und Umspielen

In unserem Beispiel täuscht der Angreifer eine Bewegung nach links an, um am Abwehrspieler vorbeizukommen. Dazu verlagert er nicht nur sein Körpergewicht auf das linke Bein, sondern hält auch den Ball zur vorgetäuschten Seite. Nachdem der Abwehrspieler „hereinfällt" und seine stabile Abwehrhaltung aufgibt, geht der Angreifer an der rechten Seite vorbei. Nun kann er mit einem Zuspiel oder Torwurf abschließen.

Abdrehfinte

Durch eine plötzliche Richtungsänderung versucht der Angreifer, seinen Gegner abzuschütteln und so zum Wurf zu kommen.

So wird's gemacht:

- Der Angreifer setzt einen schnellen Linksschritt zur Wurfhandseite und täuscht einen Durchbruch zur Wurfhand vor. Der Verteidiger wird so zu einer Reaktion gezwungen.
- Dann bremst der Angreifer plötzlich ab, dreht sich vom Abwehrspieler weg und ändert die Richtung. Er schließt mit einem Sprungfallwurf ab.

Beachte!

- *Der gesamte Bewegungsablauf muss sehr schnell erfolgen.*
- *Immer die Drei-Schritt-Regel beachten!*
- *Nach Möglichkeit ohne Prellen ausführen.*

Stell dir vor, die Bewegung ist wie Tanzen um den Abwehrspieler!

Täuschung beim Torwurf

In unserem Beispiel täucht der Angreifer einen Hüftwurf an – führt aber dann einen hohen Wurf über den Kopf aus. Mit seiner Täuschung fordert er den Abwehrspieler zu einer Abwehrbewegung nach unten heraus.

> **Achtung, Fehler!**
>
> - Die Hüftwurftäuschung ist nicht ausgeprägt genug.
>   - Die Täuschung muss glaubhaft sein!
> - Die Hüftwurftäuschung und die Abschlusshandlung haben das gleiche Tempo haben.
>   - Führe die Täuschung etwas langsamer aus, um dann explosiv abzuschließen!

SELBSTSTÄNDIGES ÜBEN

Willst du als Handballspieler erfolgreich sein, dann wirst du regelmäßig trainieren, dich anstrengen und alles geben. Doch oft reichen die Trainingszeiten nicht aus und du willst auch außerhalb der Trainingsgruppe etwas für die Verbesserung deiner Leistung tun. Auch während der festen Trainingszeiten könnt ihr immer selbstständiger arbeiten. Im Buch haben wir schon einige Tipps gegeben. Auf diesen Seiten findest du weitere Anregungen.

Allgemeine Hinweise zum Üben

 Bewegungsvorstellung

- *Erklärt euch die Technik gegenseitig.*
- *Demonstriert die Technik.*
- *Versucht, die Technik skizzenhaft zu zeichnen.*
- *Schaut euch Videos zur Technik an.*
- *Schreibt euch Technikknotenpunkte auf.*

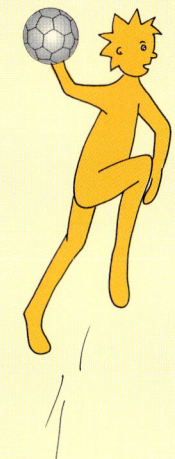

 Übungen ohne Gegner und unter erleichterten Bedingungen

Beispiel: Führe den Sprungwurf mithilfe eines Trampolins, eines Sprungbretts oder von einer Bank aus. Durch den höheren Sprung hast du mehr Zeit, den Wurf „aufzubauen".

Beispiel: Übe die Würfe zunächst mit leichteren und kleineren Bällen.

Üben mit Gegneratrappen

Angedeutete Gegner sind geduldig und du kannst ganz in Ruhe und so lange du willst die Techniken üben. So kannst du genau auf die Abstände zum Gegenspieler achten, Wurfhöhen überwinden und Folgehandlungen (Finte – Torwurf) einbauen.

Für diese Übungen kannst du einen Stuhl, ein hochkant stehendes Kastenteil, einen Ständer oder einen Air-Body verwenden.

Üben mit methodischen Hilfen bzw. Zwängen

Machst du bei der Ausführung einer Technik immer die gleichen Fehler, dann nutze spezielle Hilfen oder Hürden. Damit wirst du „gezwungen", die Technik richtig auszuführen.

Beispiele:

Fehler: Der Wurfarm ist nicht gestreckt.

Hilfe: Baue mit Ständern eine Hürde auf, über die du werfen musst. Ist der Arm nicht richtig gestreckt, dann schaffst du es nicht!

Fehler: Frontaler Wurf, weil die linke Schulter (beim Rechtswerfer!) nicht vorn ist.

Hilfe: Baue dir mit Ständern einen schmalen Durchgang. Nur wenn du beim Wurf die linke Schulter richtig nach vorn nimmst, kommst du hindurch und kannst den Wurf ausführen!

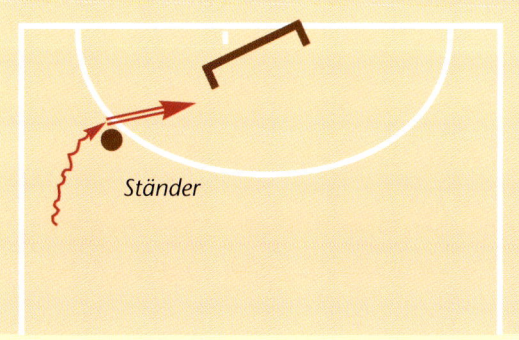

Ständer

Fehler: Die Wurfarmschleife ist beim Sprungwurf von außen nicht genug ausgeprägt.

Hilfe: Du ziehst das Tor am kurzen Pfosten ins Feld hinein.

 Üben mit aktiven Gegenspielern

Da ein Gegenspieler ständig seine Handlungen ändert, musst du dich auf die Situation immer wieder neu einstellen und die richtige Entscheidung fällen.

Beispiel: Festigung der Technik Finte oder Wurf

- Der Abwehrspieler bleibt defensiv – du musst mit einer guten Technik werfen.
- Der Abwehrspieler tritt offensiv raus – du wendest nun eine Täuschungshandlung an, um beim Wurf näher an das Tor zu kommen.

Vor allem auch bei dieser Übung siehst du, dass Technik und Taktik immer in engem Zusammenhang stehen!

 Üben unter Spielbedingungen

Im Training kommen dann später deine Nebenspieler und mehr Gegenspieler dazu. So nähert ihr euch immer mehr dem eigentlichen Handballspiel 6:6.

Nun wird es immer wettkampfspezifischer!

Die dargestellten Übungshinweise zeigen dir den Weg von der Theorie, über die Übungen mit Hilfsmitteln, Übungen ohne Gegner bis hin zur realen Spielsituation. Schau dazu auch noch einmal im Kapitel „Koordination und Technik" nach. Auch dort erklären wir den Weg zum Erlernen einer Technik.

GRUPPENTAKTIK IM ANGRIFF

Mit Gruppentaktik im Angriff sind alle Angriffsverfahren gemeint, bei denen zwei oder mehrere Spieler zusammenwirken, um den Torwurf vorzubereiten.

Freilaufen in eigener Position (Parallelstoß)

- Das Freilaufen kann durch alle Spieler auf ihren eigenen Positionen stattfinden.
- Du kannst dich dabei in die Tiefe in Richtung des Tores, parallel oder diagonal zum Tor freilaufen.
- Das Freilaufen erfolgt zur eigenen Wurfhandseite, d. h. beim Rechtshänder nach rechts – oder gegen die Wurfhandseite, d. h. beim Rechtshänder nach links.
- Der Ballbesitzer (der Spieler, der den Ball zum richtigen Zeitpunkt in den Raum des sich freilaufenden Spielers spielt) und der abschließende Spieler (der das Zuspiel fordert und die Aktion mit Torwurf beendet) spielen optimal zusammen.
- Für Außen- und Rückraumspieler können wir das Freilaufen in eigener Position auch als Parallelstoß nutzen (siehe Beispiel).

Beispiele für das Freilaufen in eigener Position

Zusammenspiel von Rückraum (RL) und Linksaußen

Der Linksaußen stößt auf die Lücke und zwingt den Hinten-rechts-Abwehrspieler zum Aushelfen. Dadurch kann sich der Rückraum-Links-Angriffsspieler auf seiner Position freilaufen und auf das Tor werfen.

(Dies wird auch Parallelstoß genannt.)

Zusammenspiel von Rückraum-links (RL) und Kreismitte (KM)

Der Kreisläufer löst sich vom Gegenspieler und läuft sich auf seiner Position frei zum Wurf.

Das Freilaufen ist auch in andere Positionen möglich. Hier ist das Feilaufen des Linksaußen am Kreis dargestellt, wobei dieser durch eine Sperre des Kreismittelspielers unterstützt wird.

Positionswechsel

- Positionswechsel solltet ihr zwischen drei und weiteren Positionen üben.
- Diese Wechsel sind in die Tiefe des Spielfeldes oder parallel bzw. diagonal zum Wurfkreis möglich.
- Oft verbindet man die Positionswechsel mit Finten, Wurf oder Durchbruchsperren.

Beschreibung für einen Positionswechsel durch einen Übergang mit folgender Passfolge:

1 *Rückraum-rechts zu Rückraum-Mitte*
2 *Rückraum-Mitte zu Rückraum-links*
3 *Rückraum-links zu Rückraum-Mitte auf halbrechts (dabei Lauf bzw. Übergang durch Rückraum-rechts)*

- Bei den Beispielen erkennst du einen Übergang des Rückraum-rechts-Angriffsspielers an den Kreis. Dadurch ergibt sich im Angriffssystem aus einem 3:3 ein 2:4.
- Der Mitte-Aufbauspieler gleicht auf halbrechts aus und bekommt im Doppelpass den Ball von Rückraum-links zurückgespielt.
- Nun kann er sich für Durchbruch und Wurf, für Pass an den Kreis zum Kreis-Mittelspieler oder für den Pass auf Rechtsaußen entscheiden.

Sperren

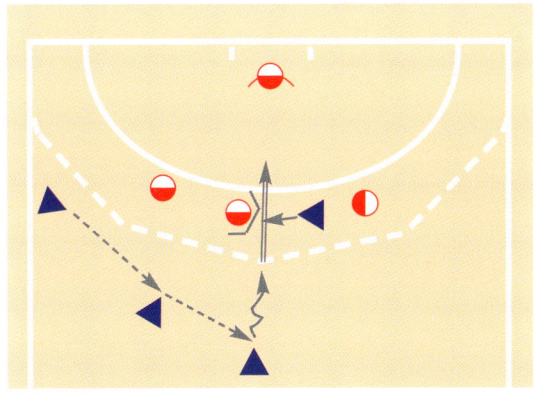

Wurfsperren (Schirm)

Der Kreisläufer verhilft dem Mitte-Aufbauspieler zu einem Fernwurf. Er stellt für ihn eine Wurfsperre.

Durchbruchsperren

Der Kreisläufer verhilft dem Spieler Rückraum-rechts beim Durchbruch. Er stellt für ihn eine Durchbruchsperre.

Sperre absetzen

Der Kreisläufer kann sich aber auch durch eine „Sperre absetzen" und sich selbst sehr gut in eine Wurfsituation bringen.

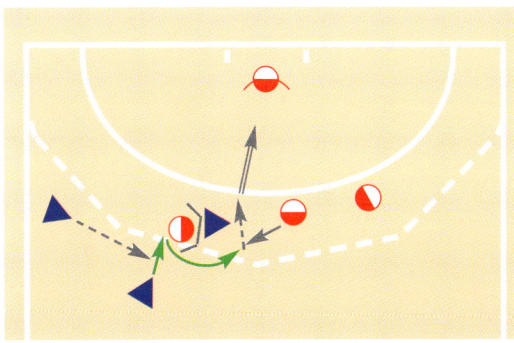

Mit dem Zuspiel läuft der Kreisspieler zur Sperre am Hinten-rechts-Abwehrspieler. Der Spieler Rückraum-links bricht zur Mitte ab und zwingt den Abwehrspieler Mitte-rechts zum Vortreten. Dann kann er an ihm vorbei dem sich von der Sperre absetzenden Kreisspieler zuspielen.

Kreuzen

Kreuzbewegungen finden meist unter Rückraumspielern statt. Sie kreuzen ihren Laufweg, um in eine bessere Position zu kommen. So bringen sie die Abwehr in Bewegung, können diese irritieren und dann zum Wurf kommen.

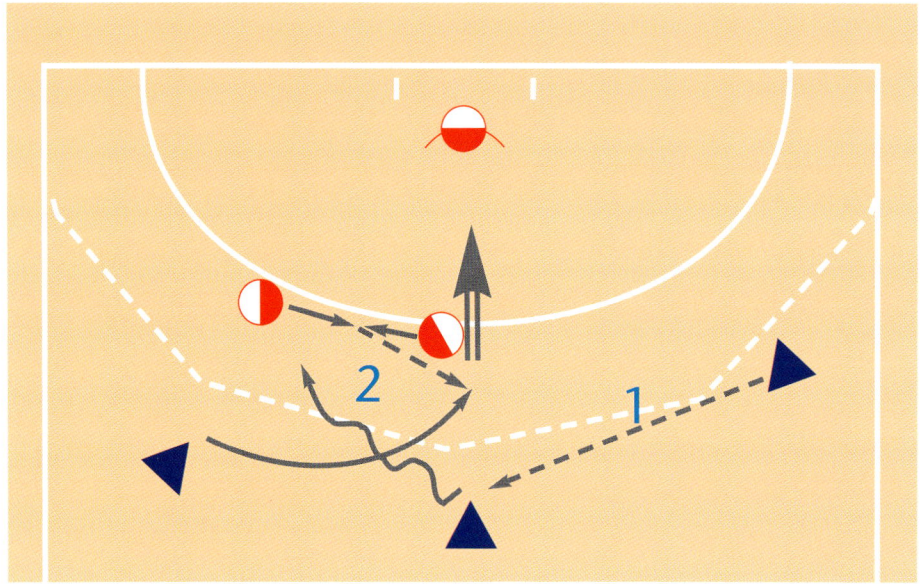

In diesem Beispiel kreuzt Mitte und Rückraum-links genau dann wenn der Mittelspieler auf die „Nahtstelle" zwischen den beiden Angreifern stößt. Der Spieler Rückraum-links kreuzt in seinem Rücken, bekommt den Ball und kann nun die gute Wurfposition zum Wurf nutzen.

 *Kreuzen kann man mit Ball (wie oben dargestellt) oder ohne Ball. Auch Halb- und Außenspieler oder auch Rückraum- und Kreisspieler können kreuzen.*

MANNSCHAFTSTAKTIK IM ANGRIFF

Plant ihr in eurem Team das gemeinsame Vorgehen im Spiel, werden die Besonderheiten der Mannschaft, der eigenen Spieler und die der Gegenspieler und der gegnerischen Mannschaft beachtet.

Stellt euch die Fragen:

- Wer von euch ist ein guter Ballverteiler?
- Wer ist ein guter Werfer?
- Welcher Spieler besitzt ein gutes Zweikampfverhalten?

Schafft für eure zweikampfstarken Spieler Räume für das 1:1-Verhalten, bringt eure Werfer in eine gute Wurfposition und bewegt euch dabei viel ohne Ball auf und von eurer Position!

Bei der Mannschaftstaktik nutzt ihr die in der Gruppentaktik aufgeführten taktischen Handlungen miteinander. Wählt allgemein, ob ihr mehr die Positionswechseltaktik (vor allem gegen offensive Abwehrsysteme) oder die Positionshaltetaktik (eher gegen defensive Abwehrsysteme) spielen wollt.

Nutzt dabei vor allem Zonen auf dem Spielfeld, wo ihr im Vorfeld des Spiels Schwächen von gegnerischen Abwehrspielern beobachten konntet.

Gegenstoß/Konter

Ist euer Torhüter im Langpassspiel stark, so versucht, immer die 1.Welle zu spielen. Dazu ist u. a. notwendig:

- *Ein frühes Umschalten von Abwehr auf Angriff der Spieler der 1.Welle.*
- *Das Absichern eventuell vom Tor abspringender Bälle.*

ICH TRAINIERE HANDBALL

.... 10 ABWEHRTRAINING

Mit einem guten Angriff gewinnt man Spiele – mit einer guten Abwehr Meisterschaften.

Für junge Spieler gehört die Abwehr am Anfang nicht unbedingt zu den Lieblingsaufgaben. Das liegt bestimmt daran, dass man damit nicht die tollen Tore machen kann. Zudem fällt gute Abwehrarbeit (außer beim Torwart) bei den Zuschauern und Mitspielern nicht so auf wie schnelle und spektakuläre Angriffe. Vielleicht liegt es auch daran, dass die Abwehrtechnik und -taktik im Training nicht so geübt wird und die Abwehrspieler nicht richtig wissen, was sie gegen den Angreifer machen sollen.

EINE GUTE ABWEHR IST VON GROSSER BEDEUTUNG

Es gibt eine Menge Gründe, warum im Training neben der Angriffstechnik und Angriffstaktik auch die Abwehrtechnik und Abwehrtaktik erlernt, geübt und immer weiter verfeinert werden müssen.

Erfolgreiche Abwehrhandlungen ...

- geben der Mannschaft Sicherheit und Motivation.
- verhindern zu hartes Spiel und unnötige Fouls. Somit werden zu viele Zeitstrafen und damit das Unterzahlspiel der Mannschaft verringert.
- ermöglichen es der Mannschaft, ihre Taktik durchzusetzen.
- erhöhen die Siegchancen deutlich.

In den Kapiteln zur „Taktik" und zur „Koordination/Technik" gab es die „Theorie"! In diesem Kapitel geht es nun um die ganz konkrete Anwendung im Handballspiel!

DIE VIER PHASEN DES ABWEHRVERHALTENS

1 Ballverlust

Die Spieler müssen von Angriff auf Abwehr umschalten.

- Ziehe dich schnell in deine Abwehrposition zurück!
- Versuche, den Abwurf und die Gegenstoßeinleitung zu stören!
- Beachte die Grundregel: Je näher du zum eigenen Tor kommst, umso geringer der Abstand zum Gegenspieler.
- Bei Sonderaufgaben gegen spezielle Spieler versuche, diesen sofort zu behindern!

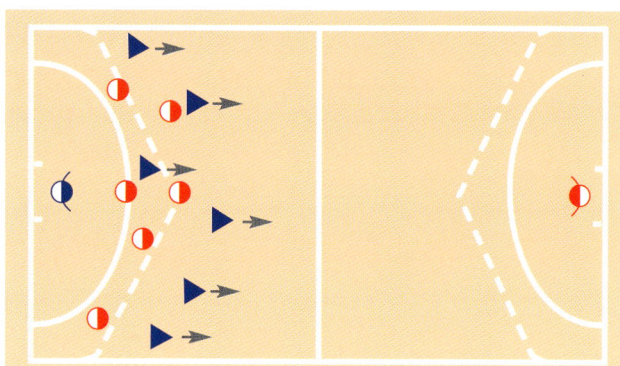

2 Abwehr des Gegenstoßes der gegnerischen Mannschaft

In dieser Phase weden die Abwehrspieler zu Angreifern und die Angreifer zu Abwehrspielern.

- Dränge den Gegenspieler nach außen ab, lass keinen Weg nach innen zu!
- Decke den Gegenspieler je nach Situation fern, nah und mit Körperkontakt!

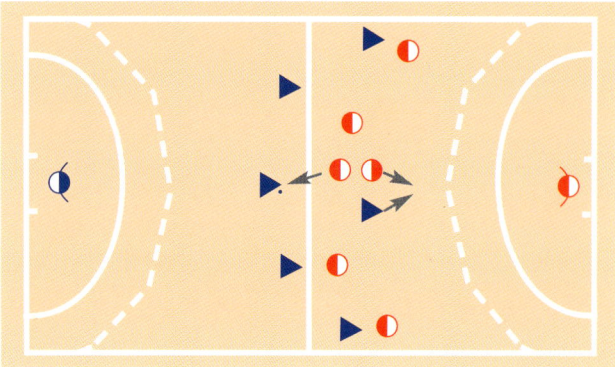

- Vermeide, dass du durch Gegenspieler gesperrt wirst!
- Verhindere, dass dich Angreifer überholen bzw. überlaufen!
- Versuche, den Ball abzufangen oder abzufälschen, sodass der Gegner ihn nicht fangen kann.

3 Formierung eines Abwehrsystems
4 Organisation eines Abwehrsystems

Diese Phasen haben das Ziel der Torverhinderung und/oder des Ballgewinns.

- Verhindere, dass du umspielt und überlaufen wirst!
- Vermeide, dass du von Gegenspielern gesperrt wirst!
- Arbeite mit schnellen Beinen und mit den Armen wie mit „Stoßdämpfern" gegen den Angriffsspieler!
- Decke immer die Wurfhandecke ab!
- Decke nur nach Absprache die entgegengesetzte Seite ab!
- Versuche, den Ball abzulenken oder abzufangen!

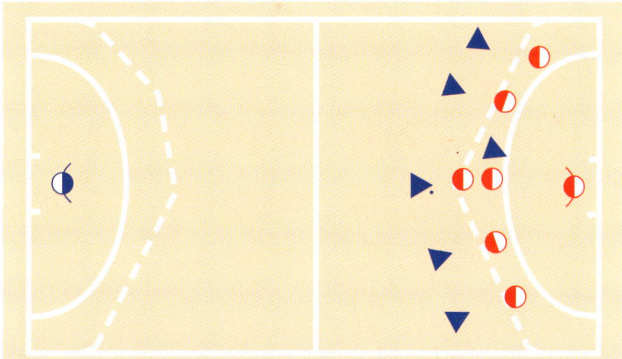

ALLGEMEINE TAKTISCHE HINWEISE

- Störe und verhindere Angriffshandlungen des Gegners mit dem Ziel Ballgewinn.

- Wähle deine Position auf dem Spielfeld entsprechend der Phase des Spiels und der Spielkonzeption.

- Übernimm den Gegenspieler und gestalte dein Stellungsspiel (fern, nah, mit Körperkontakt, Wurfhandseite, Innenweg zustellen).

- Wähle den richtigen Zeitpunkt für deine Aktivitäten gegen den Gegner.

- Sei ständig zum Umschalten von Abwehr auf Angriff bereit.

DIE INDIVIDUELLE ABWEHR

Hierzu zählen Techniken, die du anwenden kannst, um einem Angreifer entgegenzutreten (1:1). Mit fairen und regelgerechten Mitteln versuchst du, dem Gegenspieler den Weg zu versperren, ihn aufzuhalten, den Torwurf zu verhindern und den Ball zu erobern. Dafür musst du laufen, stoppen, schnell die Richtung wechseln usw.

Abwehrgrundhaltung

- Die Beine sind etwa schulterbreit auseinander, das Körpergewicht ist auf beiden Beinen und die Knie sind leicht gebeugt.

- Die Arme sind gebeugt und locker an der Seite mit den Handflächen nach vorn.

- Der Oberkörper ist etwas nach vorn und mehr zum Angriffsarm des Gegenspielers geneigt.

- Der Blick ist zum Gegenspieler gerichtet – ohne das gesamte Spielgeschehen aus den Augen zu verlieren.

Bewegungen aus der Grundhaltung

Natürlich kannst du in deiner perfekten Grundhaltung nicht wie angewurzelt stehen bleiben, wenn sich alles um dich herum bewegt! Um immer in der Linie zwischen Tor und Gegenspieler zu bleiben, bewegst du dich mit kurzen, schnellen Schritten seitlich oder vor und zurück.

- Bleibe in Grundhaltung.
- Setze kleine Schritte und halte Bodenkontakt.
- Vermeide große Schritte oder Sprünge.
- Halte das Gleichgewicht.

Blocken

Mit voller Kraft wirft der Angreifer den Ball und das willst du bremsen! Alle Spieler haben schon ganz schön Respekt davor, würden sich am liebsten die Hände vor das Gesicht halten oder abducken. Doch mit der richtigen Blocktechnik lässt sich diese Aufgabe erfolgreich meistern.

 *Wer die Technik gut beherrscht und oft geübt hat, braucht keine Angst vor scharfen Bällen zu haben.*

Blocken hoher Schlagwürfe

- Konzentriere dich auf die Wurfhand des Angreifers und erkenne die Wurfbahn des Angreifers.
- Die Beine sind etwa schrittbreit gegrätscht und die Knie leicht gebeugt.
- Die Arme und damit auch der Körper werden nach oben gestreckt. Die Blockhaltung geht aktiv in Richtung Wurfarmseite des Angreifers.
- Die Handflächen zeigen zum Angreifer und an den gespannten und leicht gespreizten Fingern kann der Ball abprallen. Lass den Ball nicht durchrutschen.

Blocken seithoher Schlagwürfe

- Du machst einen Ausfallschritt in Wurfrichtung.
- Die gestreckten Arme werden zur Seite geführt.

Blocken tiefer Schlagwürfe

- Du machst einen Ausfallschritt in Wurfrichtung.
- Die Handfläche der blockenden Hand zeigt nach vorn, die andere Hand versucht ebenfalls, zum Ball zu kommen.

Blocken gegen Sprungwürfe

- Der Werfer springt hoch – also muss der Abwehrspieler auch hochspringen!
- Er springt so, dass er den höchsten Punkt erreicht, wenn der Angreifer wirft!
- Für den Sprung gehst du einen kleinen Schritt zurück und führst die Arme parallel nach oben.

Abwehr gegen Durchbrüche

Eine gefährliche Spielsituation für die Abwehr sind die Durchbrüche.

Beachte dabei:

- Der ballführende Angreifer wird in der Nahwurfzone und in der mittleren Fernwurfzone nah gedeckt.
- Beobachte die Bewegungen des Gegenspielers und bewege dich mit!
- Handle nicht überstürzt und falle nicht auf Täuschungen herein!
- Führe kurze, schnelle Schritte aus und halte dabei engen Bodenkontakt.
- Blockiere im Zweikampf mit einer Hand den Wurfarm und mit der anderen Hand die Schulter oder Hüfte der anderen Körperseite des Angreifers.

Manndeckung

Manchmal erhalten Spieler in der Abwehr Sonderaufgaben gegen besonders gute Angriffsspieler. Sie spielen dann Manndeckung gegen diese sehr starken Spieler.

Darauf muss der „Manndecker" achten:

- Er muss den zugeteilten Gegenspieler immer im Blick haben und verfolgen.
- Er muss immer aufpassen, dass der Gegenspieler nie einen Ball bekommt.
- Er muss stets zwischen Gegenspieler und dem eigenen Tor stehen.
- Er muss verhindern, dass sich der Gegenspieler freiläuft.
- Er muss versuchen, den Gegenspieler in eine ungünstige Position abzudrängen.

Als „Manndecker" eignen sich Spieler, die ihrem Gegenspieler vor allem läuferisch überlegen sind!

Im Spielsystem wird dieser „Manndecker" hinter einem „+" genannt.

5:0+1   4:0+2

GRUPPENTAKTISCHES ZUSAMMENSPIEL

Das Handballspiel ist vor allem ein geordnetes Zusammenspiel von mehreren Spielern. Wie das gruppentaktische Zusammenspiel im Angriff gibt es auch eine *Gruppentaktik Abwehr*.

Damit sind alle Abwehrverfahren gemeint, bei denen zwei oder mehr Spieler (meist auf benachbarten Positionen) beteiligt sind.

Taktische Hinweise

- Teilt euch den Abwehrraum nahezu gleichmäßig auf!
- Zuerst ist jeder Spieler für den Angriffsspieler verantwortlich, der sich in seinem Abwehrraum befindet.
- Versuche, in Zusammenarbeit mit einem Mitspieler die Zuspiele der Angreifer zu verhindern!
- Blockiere die Laufwege der Angreifer!

Aushelfen

Wird dein Nebenspieler durch einen Angreifer ausgespielt und will dieser dann an dir vorbei zum Tor, so springst du ein. Du hilfst deinem Nebenspieler, schließt die Lücke und verhinderst den Durchbruch zum Tor.

Beachte dabei:

- Nur aushelfen, wenn wirklich die Gefahr des Durchbruchs besteht!
- Versuche, beim Aushelfen an den ballführenden Arm des Angreifers zu kommen, damit dieser nicht nach außen spielen kann!
- Stelle dich unterwegs seitlich so, dass das Anspiel verhindert wird!
- Kein „Alibi-Aushelfen" – sondern aktives Aushelfen!

Übergeben und Übernehmen

Wenn es geschieht, dass zwei Angreifer vor eurem Abwehrraum oder durch euren Abwehrraum die Positionen wechseln, so wechselt auch ihr. Du übergibst deinen Angreifer einem Mitspieler und übernimmst seinen Angreifer. Helft euch dabei durch Zurufe. Das ist besonders bei der Abwehr von Sperren wichtig!

Beachte dabei:

- Sei stets mit deinem Mitspieler in der Abwehr in Kontakt, d. h. verständigt euch immer und unterstützt euch durch Zurufe!
- Übergib deinen Gegenspieler erst, wenn du dir sicher bist, dass dein Nebenspieler in der Abwehr alles mitbekommen hat und Bescheid weiß!
- Wenn der Positionswechsel der Angreifer in Reichweite geschieht, so unterstütze das Übergeben. Versuche, den Angreifer in die richtige Richtung, zu deinem Nebenverteidiger, zu schieben!

Kreuzen abwehren

Versucht gemeinsam, Kreuzbewegungen von Angreifern zu verhindern. Dazu verstellt ihr die Laufbewegungen des Angreifers und „macht ihn fest". Damit könnt ihr einen Freiwurf provozieren.

Blocken

Wenn ihr deutlich erkennt, dass ein Angreifer werfen möchte, dann versucht, einen Doppelblock gegen den Wurf zu stellen!

Beachte dabei:

- Sei mutig und aktiv! Gehe dem Angreifer immer einen Schritt entgegen!
- Stürze dem Angreifer aber nicht entgegen! Denn dann würde die Gefahr bestehen, dass dich der Angreifer auf einer Seite umspielt!
- Benutze beide Hände! Beim Blocken bewegen sich beide Hände der Wurfrichtung entgegen!
- Lass die Augen offen und beobachte den Wurfarm des Angreifers!
- Spanne deine Arme beim Blocken an!

Doppeln

Beobachte die Angreifer und ihr Spiel genau. Wenn es sich anbietet, dann nehmt zu zweit einen Angreifer „in die Zange" und provoziert so ein schwaches Abspiel.

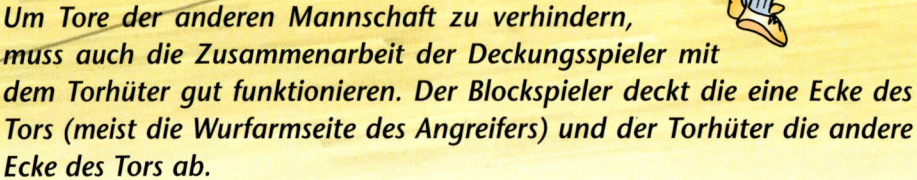

Um Tore der anderen Mannschaft zu verhindern, muss auch die Zusammenarbeit der Deckungsspieler mit dem Torhüter gut funktionieren. Der Blockspieler deckt die eine Ecke des Tors (meist die Wurfarmseite des Angreifers) und der Torhüter die andere Ecke des Tors ab.

MANNSCHAFTSTAKTIK

In der Abwehr hat jeder Spieler auf seiner Position bestimmte Aufgaben und Möglichkeiten, erfolgreich zu sein. Dafür handelt er allein oder im Zusammenspiel mit seinem Mitspieler. Zudem ist aber auch unbedingt notwendig, dass die gesamte Mannschaft nach einem gemeinsamen Plan agiert. Mit dem Festlegen der Mannschaftstaktik versucht die Mannschaft, eigene Schwächen zu verstecken und vor allem, eigene Stärken zur Wirkung kommen zu lassen.

- *Ihr entscheidet euch für ein offensives System, wenn ...*

   ... ihr in der Mannschaft schnelle und bewegliche (meist kleinere) Spieler habt, die durch ihre sehr gute Beinarbeit in der Lage sind, einen großen Raum abzudecken. Dafür ist es wichtig, dass die Spieler eine gute Ausdauer haben, um auch über das gesamte Spiel in der Lage zu sein, die sehr große Laufarbeit zu bewältigen.

   ... der Gegner sehr gute Werfer hat, die schnell attackiert werden müssen.

- *Ihr entscheidet euch für ein kombiniertes Sysem zwischen Positions- und Manndeckung, z. B.: 5 : 0 + 1, wenn ...*

   ... der Gegner besonders gute Werfer oder Ballverteiler hat.

Offene Manndeckung

In der Zeit, die die gegnerische Mannschaft in Ballbesitz ist bzw. ab der Mittellinie, deckt jeder Abwehrspieler einen Angreifer. Das bedeutet, jeder einzelne Abwehrspieler kümmert sich um einen Angreifer und sie liefern sich einen individuellen Zweikampf. Für den Abwehrspieler kann die Manndeckung aber nur erfolgreich sein, wenn er dem Angreifer körperlich, konditionell und technisch nicht unterlegen ist.

Beachte: Manndeckung ist sehr kräfteraubend und kann kaum über die gesamte Spielzeit durchgehalten werden.

Raumdeckung

Bei der Raumdeckung wird jedem Abwehrspieler kein bestimmter Angreifer, sondern ein bestimmter Bereich zugeordnet, den er zu bewachen hat. Kommt ein Angreifer in seinen Raum, dann kümmert er sich um ihn. Verlässt dieser Spieler den Raum wieder, übernimmt ein anderer Abwehrspieler. Der Schwerpunkt der Abwehr liegt natürlich dort, wo sich der Ball befindet. Der Ballbesitzer wird angegriffen und alle anderen Abwehrspieler stehen zur Unterstützung bereit. Dafür müssen die Spieler ständig in Blick- und Zurufkontakt sein.

6 : 0-Raumdeckung
Alle sechs Feldspieler bilden eine Abwehrlinie. Sie stehen in einer Linie vor dem Torraum. Die großen Spieler sollten in der Mitte stehen und die kleineren außen.

5 : 1-Raumdeckung
Fünf Abwehrspieler stehen am Torraum in der zweiten Abwehrlinie und ein Abwehrspieler bildet die erste Abwehrlinie am 9-m-Kreis.

4: 2-Raumdeckung
Vier Spieler stehen am Torraum in der zweiten Abwehrlinie und zwei Spieler am 9-m-Kreis. So wird die Weitwurfzone des Gegners stark eingeengt und das Spielfeld in der Breite geteilt.

Kombinierte Deckung

Viele Mannschaften haben einen „Superstar" in ihren Reihen. Dieser Spieler ist besonders gut, hat den besten Überblick und erzielt die meisten Tore. Mit einer speziellen Bewachung durch einen Abwehrspieler will die Mannschaft versuchen, diesen Spieler „auszuschalten". Für diese Sonderaufgabe werden besonders schnelle und wendige Spieler ausgewählt.

TORHÜTERABWEHR

Natürlich hat jeder erfolgreiche Torwart seinen eigenen Stil, trotzdem gibt es Grundtechniken, die jeder beherrschen muss.

Dazu gehören:

- Die **Grundstellung**, aus welcher heraus der Torhüter schnell reagieren kann. Im Torkreis bewegt er sich je nach Spielsituation hin und her.

- Die **Abwehr hoch geworfener Bälle** erfolgt immer mit einem Schrittsprung. Der Ball wird möglichst mit beiden Händen abgewehrt.

- Auch bei der **Abwehr halbhoch geworfener Bälle** führt der Torhüter einen Schrittsprung aus. Die Hand (möglichst auch beide Hände!), Schwungbein und Oberkörper decken eine große Fläche des Tors ab.

- **Flach geworfene Bälle** werden mit Hand und Fuß abgewehrt. Manchmal ist auch ein Sprung-Hürdensitz notwendig, um doch noch einen Ball zu erreichen.

Der Torhüter hat einen guten Blick für „Lücken" und kann so seine Abwehr gut organisieren.

ICH TRAINIERE HANDBALL

.... 11 SYMBOLIK UND ABKÜRZUNGEN

„ZEICHENSPRACHE" ZUM BESSEREN VERSTÄNDNIS

Trainer und Spieler besprechen das Vorgehen für das nächste Spiel. Oftmals gibt es dafür Tafeln mit dem Plan des Spielfelds, in welche die Positionen der Abwehrspieler und der Angreifer sowie deren Laufwege, Prellwege, die Deckung, der Torwurf usw. eingetragen werden.

Bei solchen Besprechungen werden für das allgemeine Verständnis bestimmte Zeichen verwendet. Natürlich ist es wichtig, dass alle Spieler auch verstehen, was mit dieser „Zeichensprache" gemeint ist. Auch wir haben in diesem Buch solche allgemein üblichen Pläne und Zeichen verwendet.

Auf den nächsten Seiten erklären wir unsere und die von den meisten Mannschaften verwendete Symbolik.

ZEICHENERKLÄRUNG

Spielplan mit Angriff, Abwehr und Wegen

▼ Angreifer

▲ Angreifer mit Ball

◐ Abwehrspieler mit Blickrichtung

◑ Torhüter mit Blickrichtung

→ Laufweg

∿→ Prellweg

--→ Passweg

⇒ Torwurf

⌐ Sperre

═══▶ Laufweg mit Ball

-⌒-→ indirekter Pass

↰↴ Finte

ZONEN DES SPIELFELDS

Oft werden die Positionen eines jeden Spielers klar abgegrenzt und die Aufgaben festgelegt. Wo jeder Spieler steht, richtet sich nach dem gewählten System und der Formation. Für das bessere Verständnis zwischen dem Trainer und seinen Spielern und der Spieler untereinander wird das Spielfeld in eine Fernwurfzone und eine Nahwurfzone eingeteilt.

In den Spielsystemen der Mannschaften wird die Aufteilung der Spieler für Angriff und Abwehr in Zahlen ausgedrückt. Die Zahlen bedeuten die Spieleranzahlen in den entsprechenden Bereichen des Spielfelds. So gibt es z. B. die Angriffsformation 3 : 3 oder 2 : 4 sowie die Abwehrformation 5 : 1 oder 3 : 2 : 1.

POSITIONEN UND POSITIONSBEZEICHNUNGEN

Um sich besser verständigen zu können, werden die einzelnen Positionen auf dem Spielfeld bezeichnet.

Bezeichnungen im Angriff (3 : 3)

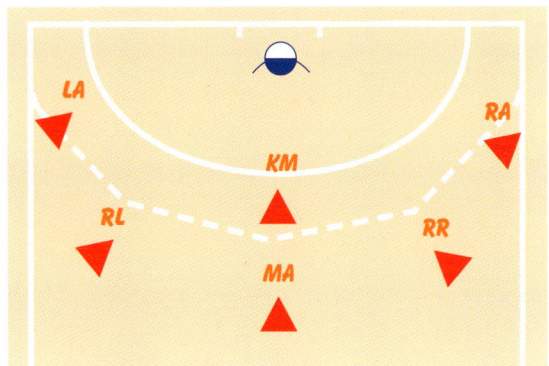

Die Abkürzungen:

- **LA** – Linksaußen
- **KM** – Kreismitte
- **RA** – Rechtsaußen
- **RL** – Rückraum-links (halblinks)
- **MA** – Mitte-Aufbau
- **RR** – Rückraum-rechts (halbrechts)

Bezeichnungen in der Abwehr (5 : 1)

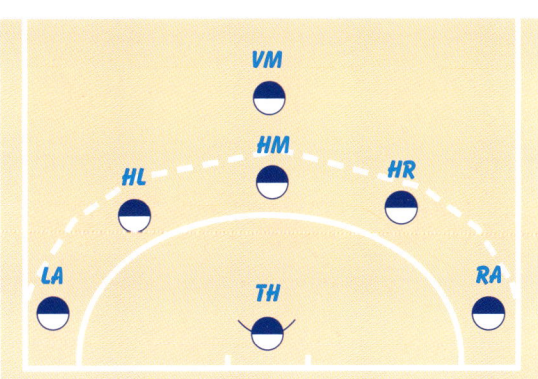

Die Abkürzungen:

- **TH** – Torhüter
- **LA** – Linksaußen
- **HL** – hinten links
- **HM** – hinten mitte
- **HR** – hinten rechts
- **RA** – Rechtsaußen
- **VM** – Vorn mitte

Wir haben dir hier zwei Beispiele vorgestellt. Um die Ausführungen deiner Trainer zu verstehen, musst du auch seine Abkürzungen und Zeichen verstehen! Verwendet ihr vielleicht andere Bezeichnungen? Kein Problem, dann ändere es in deinem Buch!

ICH TRAINIERE HANDBALL

W	P	Ö	K	A	R	T	O	F	F	E	L	A	B	I
Z	U	C	C	H	I	N	I	K	A	M	F	R	S	V
X	C	M	F	L	Ä	J	C	H	I	C	O	R	E	E
T	W	Q	V	Ä	E	I	G	U	R	K	E	A	G	Ü
E	B	E	P	G	E	F	L	A	K	G	B	F	J	W
T	X	N	N	U	L	E	P	O	K	R	C	A	O	D
A	N	A	N	A	S	M	L	A	S	A	L	A	T	V
M	R	N	E	A	K	I	R	P	A	P	I	Ä	L	T
O	C	A	V	M	P	R	L	S	M	E	W	J	F	A
T	S	B	I	R	N	E	P	G	O	F	H	D	K	N
K	A	R	O	T	T	E	Z	I	T	R	O	N	E	I
F	S	A	W	E	I	N	T	R	A	U	B	E	N	P
R	S	I	B	R	Ü	K	L	C	L	I	Z	A	I	S
R	E	R	E	E	B	D	R	E	Z	T	P	F	K	Ö

Obst und Gemüse sind gesund!

Finde 17 Obst- und Gemüsesorten – waagerecht, senkrecht oder diagonal, vorwärts und rückwärts!

O je, immer diese Aufregung vor dem Spiel!

Wie komme ich jetzt nur am schnellsten zur Toilette?

Kannst du den Weg einzeichnen?

Fragt Tom seinen Freund: „Wie hoch ist die Schranke?" Der klettert hoch, misst und ruft nach unten: „4,26 m!" Darauf Tom: „Bist du dumm! Du hättest doch warten können, bis die Schranke nach unten geht!" Der Freund: „Ich wollte doch messen, wie hoch sie ist und nicht wie breit!"

....12 RUNDHERUM GESUND

Wer glaubt, hartes und schweißtreibendes Training mehrmals in der Woche ist allein ausreichend für den sportlichen Erfolg, wird wahrscheinlich bald eines Besseren belehrt. Neben dem fordernden Training sind Erholungsphasen sehr wichtig, ausreichender Schlaf, gesunde Ernährung, Körperhygiene, Ordnung und vieles mehr.

Du solltest deine innere Uhr erkennen und auf sie hören lernen. Sie sagt dir, wann du besonders leistungsfähig bist oder dringend eine Erholung brauchst und entspannen solltest. Ein guter Handballspieler spürt zum Beispiel auch, wann er energiereiche Nahrung zu sich nehmen muss, um leistungsfähig und konzentriert zu bleiben.

In diesem Kapitel haben wir dazu einige interessante Informationen zusammengestellt. Nimm dies als Anregung, dich mit dem eigenen Körper, der inneren Uhr sowie gesunder Ernährung zu beschäftigen.

Viel Spaß!

UNSERE LEISTUNGSFÄHIGKEIT

Im Verlaufe eines Tages erlebt unsere Leistungsfähigkeit Höhen und Tiefen, wie du an der Kurve erkennen kannst. Dies ist bei allen Menschen ähnlich und wir haben unser Leben darauf eingestellt. Der hauptsächliche Schulunterricht findet vormittags statt, zur Mittagsruhe gönnen sich manche sogar ein Schläfchen, nachmittags können wir wieder durchstarten und nachts bekommt unser Körper den wohlverdienten Schlaf. Wer diesen Rhythmus beachtet, lebt gesund und ist leistungsfähig. Du spürst, wenn du dich nicht genug ausruhst und ausreichend schläfst und es wäre schade, „Hochs" nicht zu nutzen.

ISS UND TRINK DICH FIT!

Sportler, die vor dem Training oder dem Turnier zu viel oder auch das Falsche essen und trinken, sind nicht leistungsfähig. Sie fühlen sich voll gestopft, wirken müde und schlapp. Bei vielen Körperfunktionen wird gespart, weil der Magen auf Hochtouren arbeitet. Aber essen und vor allem trinken müssen wir, um dem Körper die verbrauchte Energie zuzuführen und den Flüssigkeitsverlust, der durch das Schwitzen eintritt, auszugleichen. Bei langem Training und Wettkampf ist das auch zwischendurch notwendig.

Entnimm den Übersichten, was sich für deine Hauptmahlzeiten, die Zwischenmahlzeiten und den Energieschub zwischendurch eignet und was nicht. Wähle deine Speisen und Getränke sowie den Zeitpunkt der Nahrungsaufnahme so, dass du im Training und Turnier ausreichend versorgt bist, aber nicht nebenbei auch noch verdauen musst.

Wie lange Speisen im Magen bleiben, bis sie verdaut sind:

Ca. eine Stunde:	Wasser, Tee, Brühe.
Ca. 2-3 Stunden:	Kakao, Banane, Apfel, Brötchen, Reis, gekochter Fisch, weiches Ei, Vollkornbrot, Kuchen, Butterbrot, Müsli, Gemüse.
Ca. 4-5 Stunden:	Wurst, Fleisch, Bratkartoffeln, Pommes frites, Bohnen oder Erbsen.
Ca. 6-7 Stunden:	Sahnetorte, Pilze, Fisch in Öl, fetter Braten.

Trinken nicht vergessen!

Schwitzen ist gut und gesund. Allerdings musst du diesen Flüssigkeitsverlust wieder ausgleichen und zum Training und zum Wettkampf ausreichend Flüssigkeit zu dir nehmen. Ohne regelmäßiges Trinken sinkt die Leistungsfähigkeit, das Blut wird dick, kann weniger Sauerstoff aufnehmen und es kommt zu Muskelkrämpfen.

- **Geeignete Getränke vor und während der Belastung**
  Mineralwasser ohne Kohlensäure, Fruchtsaftschorle in einer Konzentration von ca. 1:3, leicht gesüßte Getränke.

  Wähle keine zu kalten Getränke, weil der Körper dann viel Energie aufwenden müsste, um sie anzuwärmen.

- **Geeignete Getränke nach der Belastung**
  Fruchtsaftschorle, jetzt mit höherem Fruchtsaftanteil, Milchmixgetränke, Getränke mit höherem Zuckergehalt.

ENERGIEQUELLEN

Hohe körperliche Leistung kannst du nur vollbringen, wenn du ausreichend Energie (Zucker/Stärke) in Form von Nahrung zu dir nimmst. Hast du das richtige Maß aufgenommen, erreichst du optimale Leistungen. Zu wenig bewirkt einen Leistungsabfall, Konzentrationsschwäche und Müdigkeit. Doch bei zu viel Energieaufnahme besteht die Gefahr großer Nervosität und rascher Ermüdung.

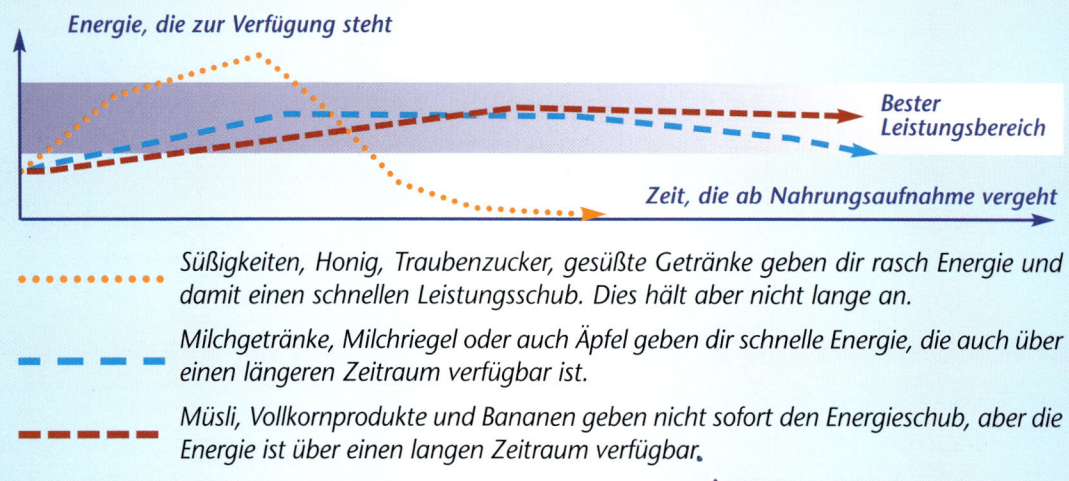

Süßigkeiten, Honig, Traubenzucker, gesüßte Getränke geben dir rasch Energie und damit einen schnellen Leistungsschub. Dies hält aber nicht lange an.

Milchgetränke, Milchriegel oder auch Äpfel geben dir schnelle Energie, die auch über einen längeren Zeitraum verfügbar ist.

Müsli, Vollkornprodukte und Bananen geben nicht sofort den Energieschub, aber die Energie ist über einen langen Zeitraum verfügbar.

Die Nahrungspyramide zeigt, welche Nahrungsmittel du in großen Mengen (ganz unten) und welche lieber sehr selten (ganz oben) verzehren solltest.

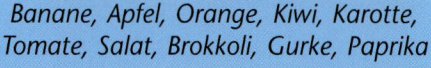

UNFALLVERHÜTUNG UND ERSTE HILFE

Sporttreiben ist gesund! Du kräftigst dein Herz-Kreislauf-System, deine Muskeln, Knochen und Gelenke. Das gemeinsame Training und Spiel mit der Mannschaft macht Spaß und fördert den Gemeinschaftssinn. Damit aber die Freude erhalten bleibt, solltest du neben der gesunden Ernährung noch mehr Dinge beachten.

Damit nichts passiert

Aufwärmen
Mit dem Aufwärmen bringst du dein Herz und deine Atmung in Schwung, die Muskeltemperatur wird erhöht und die Sehnen und Bänder werden langsam gedehnt. Du kommst auf „Betriebstemperatur"!

Kräftigen und Dehnen
Ein trainierter und gekräftigter Körper, starke Muskeln und Gelenke sowie vorgedehnte Sehnen und Bänder halten starke Belastungen viel besser aus. Somit ist die Verletzungsgefahr geringer.

Regenerieren
Nach anstrengendem Training und Spiel ist es wichtig, ganz ruhig und langsam „auszulaufen". Der Körper kann so beginnen, sich langsam zu erholen. Die hohe „Betriebstemperatur" wird allmählich wieder heruntergefahren. Du kannst so z. B. Muskelkater vermeiden oder reduzieren.

SCHUTZAUSRÜSTUNG

Kleidung
- Trage ordentliche Sportschuhe, in denen der Fuß bei schnellen Bewegungen und Sprüngen guten Halt hat und du nicht rutschst.
- Knieschützer und Ellbogenschützer bewahren dich vor schmerzhaften Prellungen nach einem Sprungwurf.
- Besonders wichtig ist der Zahnschutz.

Spielfeld
- Achte darauf, dass der Hallenboden eben, sauber und ohne rutschige Stellen ist.
- Wichtig sind die richtigen Abstände zu den Banden, vorhandene Auslauffläche, Fangnetze hinter dem Tor und gute Beleuchtung.

Wenn doch mal was passiert

Trotzdem kann es aber manchmal zu kleineren Verletzungen kommen:
- Schütze Schürfwunden vor Verschmutzung.
- Umknicken im Sprunggelenk:
  PECH: Pause – **E**is – **C**ompression – **H**ochlagern.
- Größere Verletzungen brauchen Zeit zum Heilen. Das bedeutet aber keine totale Trainingspause! Schone die verletzten Körperteile und trainiere inzwischen etwas anderes.

Nur ein gesunder Körper kann sportliche Leistungen erbringen! Lass dich von deinem Trainer und dem Arzt beraten!

.........13 AUFLÖSUNGEN

S. 42   **1.** Du sagst deinem Trainer, dass diese Aufgabe für dich zu schwierig ist und du lieber noch aus dem Schrittanlauf üben willst.

2. Du solltest deinem Trainer sagen, dass die Anforderung für dich zu gering ist und du nun schon längere Zeit laufen willst.

S. 51   **Unsere Meinung:**
Selbstbewusstsein – Spaß am Spiel – ~~Selbstzweifel~~ – ~~blinde Wut~~ – Risikobereitschaft – ~~Ungeduld~~ – Lockerheit – ~~Angst, einen Fehler zu machen~~ – Ehrgeiz – Siegeswille – Vertrauen in die eigene Leistung – ~~Pessimismus~~ – ~~schlechte Laune~~ – sich gut in Form fühlen – Aufmerksamkeit – Konzentration

S. 56/57

15-18 Punkte
Mit deiner Einstellung zum Sport kannst du es weit bringen. Du hast Spaß am Wettkampf, bist fair und kannst dich auch mal selbst überwinden. Mach weiter so!

10-14 Punkte
Du hast eine ganz gute Einstellung zum Sport, fährst aber manchmal nur im ersten Gang. Mit mehr Spaß und Siegeswillen könntest du erfolgreicher sein. Nimm das Training und die Spiele ernst, sei fair zu den anderen Sportlern und habe mehr Spaß am Handballspiel.

6-9 Punkte
Du denkst meistens nur an dich! Du musst noch etwas an deiner Einstellung in Bezug auf Fairness und Kameradschaftlichkeit arbeiten.

S. 86   1. 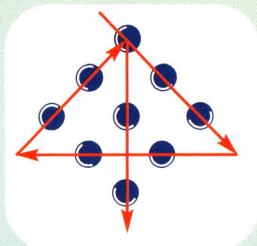   2.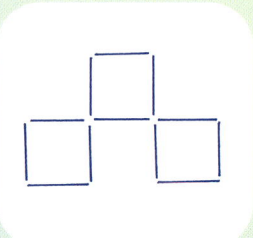

3. Das Ballkäfermännchen gelangt leider nicht zu seiner Liebsten.

4. Das fehlende Stückchen ist **B**.

S. 138

.........14 AUF EIN WORT

LIEBE HANDBALLERELTERN!

Vom Handballsport begeistert zu sein, geht schnell. Handball ist eine tolle Sportart. Auch Ihr Kind hat sich dafür entschieden und mit dem Üben begonnen. Nun möchte es aber dabeibleiben, im Verein ernsthaft trainieren und zu einer Mannschaft gehören. Wissen Sie, warum das so ist? Fragen Sie Ihre Tochter oder Ihren Sohn danach oder lassen Sie sich die im Buch enthaltene Seite mit den Motiven zeigen. Eines sollten Sie voraussetzen: Wer im Handball trainiert, will erfolgreich sein, Tore werfen und mit seiner Mannschaft gewinnen.

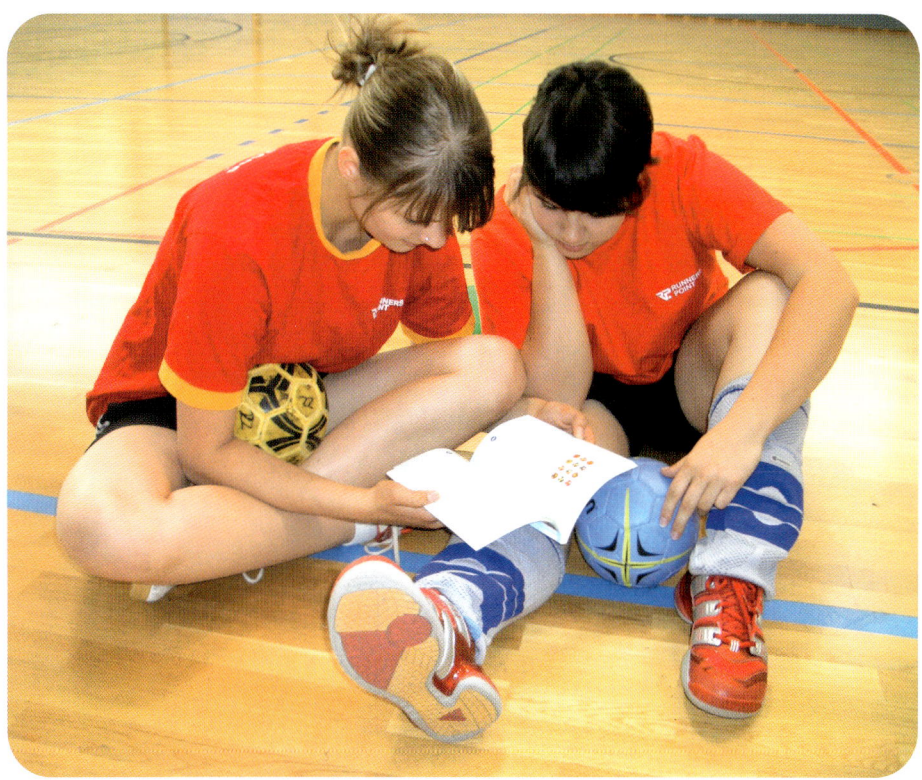

Das vorliegende Trainingsbuch richtet sich an junge Spieler in den ersten Trainingsjahren. Es gibt ihnen viele Informationen über ihren Sport, über Technik, Taktik und wie richtig trainiert wird. Die Jugendlichen werden lernen, die eigenen Möglichkeiten besser zu erkennen und mit dem eigenen Körper bewusster umzugehen. Damit wird nicht nur effektiveres Training unterstützt, sondern mögliche Unter- oder Überforderung verhindert. Die Grundausbildung und das Nachwuchstraining sind für alle Spieler gleich, unabhängig, ob sie später im Freizeitsport bleiben oder zu erfolgreichen Klubs wechseln. Für alle gibt das Buch eine gute Orientierung und Unterstützung beim erfolgreichen Training.

Alle Eltern, Geschwister, Großeltern und Freunde erhalten wichtige Informationen. Nutzen Sie das Buch gemeinsam mit Ihren Kindern als Trainingsbegleiter, Arbeitsbuch und Nachschlagewerk. Sicher wird auch manchmal Ihre Hilfe gebraucht beim Anlegen von Leistungsdiagrammen oder bei persönlichen Aufzeichnungen. Freuen Sie sich gemeinsam mit dem jungen Handballspieler über persönliche Erfolge und erfolgreiche Spiele. Die Jugendlichen brauchen unseren Beifall, das Lob und die Anerkennung. Zeigen Sie Verständnis, wenn es mal nicht so klappt. Nicht jeder hat die Voraussetzungen für einen Weltklassespieler.

Das Handballspiel macht vor allem Spaß, fördert soziale Kontakte, entwickelt Ehrgeiz und Durchsetzungsvermögen. Im gemeinsamen Training und Spiel lernen die Kinder und Jugendlichen, sich selbst zu überwinden sowie mit Erfolg und Misserfolg umzugehen. Charaktereigenschaften wie Fairness, Zuverlässigkeit, Pünktlichkeit, Ordnung, Durchhaltevermögen, Risikobereitschaft, Mut und Teamgeist werden ausgebildet und sind auch in allen anderen Bereichen des Lebens von Nutzen.

AUF EIN WORT

LIEBER TRAINER, LIEBE TRAINERIN!

Gutes Nachwuchstraining richtet sich auf die gesamte Persönlichkeitsentwicklung der Kinder und Jugendlichen. Es begreift sich als Lerntätigkeit, weil es die Steuerungs- und Selbststeuerungsprozesse fördert. Es wirkt sozialisierend, weil vor allem Gruppentraining gesellschaftliche Normen, Regeln und Verhaltensmuster übt. Kinder- und Jugendtraining ist erlebniswirksam und beachtet Stimmungen, Empfindungen und Gefühle. Es sichert positive Erlebnisse, entwickelt Bedürfnisse und Wünsche, verläuft in herzlicher, liebevoller und aufgeschlossener Atmosphäre. Die jungen Handballspieler sind dabei Ihre Partner – vorausgesetzt, sie werden in den Trainingsprozess aktiv einbezogen und erhalten genügend Handlungsfreiräume. Betrachten Sie deshalb die jungen Spieler nicht als Empfänger Ihrer Anweisungen, sondern als Partner im gemeinsamen Trainingsprozess. Sagen Sie ihnen, warum, wann, welche Übung für sie notwendig ist und welches Belastungsmaß bei welchen Trainingsteilen besonders günstig ist.

Wir wollen hiermit den Kindern ein trainingsbegleitendes Arbeitsbuch in die Hand geben. Sie können Gelerntes nachlesen sowie Zielsetzungen, Motive und die persönliche Leistungsentwicklung eintragen. Natürlich kann kein Buch die jahrelange Erfahrung der Trainer ersetzen. Auch gehen manchmal die Meinungen von Trainern, Sportwissenschaftlern und „Bücherschreibern" auseinander. Verstehen Sie dieses Trainingsbuch als Ergänzung zu Ihrem Training und als Hilfe für die Beschäftigung mit der Sportart über das gemeinsame Training hinaus.

Ein guter Nachwuchstrainer denkt ständig darüber nach, wie er durch das Handballtraining nicht nur Techniken lehrt oder Kondition entwickelt, sondern, wie er die Kinder und Jugendlichen aktiv in den Übungs- und Trainingsprozess einbeziehen kann, um neben einer qualitativen Verbesserung der Trainingsstunden auch bewusster die Persönlichkeitsentwicklung seiner Spieler unterstützen zu können.

Wir wünschen
weiterhin viel Spaß und Erfolg
mit Ihren jungen Handballspielern.

......LITERATURNACHWEIS

Barth, K. & Nowak, M. (2007). *Ich lerne Handball.* Aachen: Meyer & Meyer Verlag.

Gehrer, A. (2006). *Beach-Handball – Der neue Sommersport.* Göppingen.

Jäger, K. & Oelschlägel, G. (1974). *Kleine Trainingslehre.* Berlin: Sportverlag.

Rehling, D. (1981). *Handball.* Langen: H. G. Gachet & Co.

Schubert, R., Oppermann H.-P. & Späte, D. (1994). *Handball Handbuch Band 1-3.* Münster: Phillipka-Verlag.

Stieler, G., Konzag, I. & Döbler, H. (1987). *Sportspiele.* Berlin: Sportverlag.

BILDNACHWEIS

Covergestaltung:	Jens Vogelsang, Aachen
Zeichnungen:	Katrin Barth, Marc Schröder (Hanniball S. 12)
Titelfoto:	Imago Sportfotodienst GmbH
Fotos (Innenteil):	Katrin Barth, Berndt Barth, Alex Gehrer (Beachhandball), Heinz Gruner, Lars Kaufmann, Jana Müller

www.dersportverlag.de

Ich lerne ...
Katrin Barth & Maik Nowak
Ich lerne Handball

Empfohlen vom Deutschen Handball-Bund!

2., überarb. Auflage
152 Seiten in Farbe
26 Fotos, 148 Abb.
Paperback mit Fadenheftung
16,5 x 24 cm
ISBN 978-3-89899-350-0
€ 14,95 / SFr 25,90 *

Hans-Dieter Trosse
Handbuch für Handball

2. Auflage
240 Seiten, in Farbe
9 Fotos, 100 Abb., 8 Tab.
gebunden
14,8 x 21 cm
ISBN 978-3-89899-154-4
€ 18,95 / SFr 32,20 *

Sigurd Baumann
Mannschaftspsychologie
Methoden und Techniken

2. überarb. Auflage
240 Seiten
in Farbe
61 Fotos, 59 Abb.
Paperback mit Fadenheftung
16,5 x 24 cm
ISBN 978-3-89899-329-6
€ 16,95 / SFr 29,00 *

Lothar Linz
Erfolgreiches Teamcoaching
Ein sportpsychologisches
Handbuch für Trainer

2. Auflage
208 Seiten, in Farbe
38 Fotos, 9 Abb.
Paperback mit Fadenheftung
14,8 x 21 cm
ISBN 978-3-89124-975-8
€ 16,95/ SFr 29,00 *

MEYER & MEYER VERLAG